FASHION PRODUCTS MANAGEMENT

패션제품 생산관리

김 원 저

YEAMOONSA
예문사

패션제품생산관리

머리말

1990년대 초반, 패션에 IT 기술이 처음으로 접목되면서 패션에 여러 가지 프로그램과 경영기술들이 도입되기 시작하였다. ERP나 과학적 관리법들이 경영에 도입되면서 과거 개인의 역량이나 감각에 의지했던 데서 벗어나 좀 더 체계적이고 세밀한 관리가 이루어졌다. 또한 기업들의 이익률과 더불어 브랜드 차별화를 위한 투자와 해외진출에 대한 의욕도 굉장히 높았다. 그러다가 1997년 IMF라는 직격탄을 맞은 기업들은 감원과 긴축재정에 돌입하였고, 패션은 한 10년쯤 퇴보된 느낌이었다. 여기서 살아남는 방법은 약점은 과감히 도려내고, 강점이라도 최대한의 효율을 뽑아내기 위해 마른 수건이라도 짜는 것이었다. 덕분에 관리의 방법과 효율은 큰 발전을 이루었다.

2000년대 후반은 정보의 홍수와 SNS 시대라 할 수 있다. 모든 사람들이 매트릭스로 연결되고 너무 많은 정보로 인하여 취사 선택의 문제로 고민했다. 정보가 공개되어 무한경쟁과 출혈경쟁의 악순환이 이어졌고, 패션은 레드오션에서 탈출하기 위하여 새로운 시장을 향해 Niche와 Edge로 계속 분화되었다.

그리고 이러한 사조는 2014년 현재도 계속 진행형이다. 그러나 너무나 공개되고 메마른 삶에 반대급부로 폐쇄형 커뮤니티가 나오고 자연과 소통하는 삶을 동경하고, 적게 벌더라도 잘 사는 법을 연구하게 되었다. 앞으로는 어디 가서 뽐내기 위한 패션이 아니라 그 사람의 진정한 내면을 표출시키는 패션의 시대로 돌입하게 될 것이다.

이 책은 필자가 패션업계에서 다년간 축적한 경험과 지식을 바탕으로 한 업무 매뉴얼, 대학 강의를 위해 준비해둔 강의노트를 모아 새롭게 정리한 것으로, 패션 부문별로 업무를 총 13개 장으로 나누어 부가가치를 살릴 수 있는 전략적 방법들을 제시하고 있다.

제조원가를 최저로 유지하면서 제품의 품질을 유지하고, 적합한 시기에 생산해낼 수 있도록 하는 '원가관리', 각 브랜드에 적합한 품질 수준을 갖고 있는지, 작업지시서의 기준에 따라 제조되었는지, 세탁과 취급주의에 문제는 없는지를 확인하는 '품질관리', 생산해야 하는 제품의 종류·수량·품질·생산 시기를 과학적으로 예측하는 '생산계획', 패션제품을 생산해 내기 위한 각각의 작업들

(직물 · 부자재 · 패턴 · 재단 · 봉제 · 포장 · 이동 등)을 수행하는 기간과 여력을 확인하고 각 작업들이 적합한 시점에 맞게 생산되도록 조절하는 '일정관리', 수요예측에 따라 생산방식의 결정과 지연 원인을 분석하고 제거하며, 작업량을 계산하여 할당 계획 등을 수립하는 '공정관리', 재고 보유는 비용이 소요되므로 이익과 비용의 균형을 맞출 수 있는 적정수준의 재고량을 관리하는 '재고관리' 등으로 크게 나누어 패션제품의 생산관리를 단계별로 설명하였다.

또한 생산관리의 궁극적인 목표는 고객만족의 실현이므로 생산관리의 새로운 경향으로 나타나는 글로벌 기준의 시스템들을 수용하고, 실무의 의사결정단계에서 올바른 방향으로 가는 데 초점을 두었다.

이 책이 나오기까지 많은 분들의 도움이 있었다. 에스콰이어 근무시절 물심양면으로 도와주신 현 ㈜아름다운사람의 김창환 사장님과 톰보이 근무시절 많은 기회를 주셨던 현 ㈜트라이시클의 최형석 사장님, 그리고 많은 배려와 독려를 해주신 국제패션디자인전문학교 김정균 본부장님, 신우철 부학장님, 끝없는 내조로 책을 쓸 수 있는 원동력을 제공해준 이현순 실장님, 출간에 도움을 주신 김경애 교수님께 감사의 말씀을 전한다.

집필 중 영면하신 아버님께 그리움과 감사의 마음을, 항상 나를 믿어주시는 어머님과 딸 지오에게도 고마움을 전한다.

참으로 고마운 분들이 많은데 일일이 나열하지 못해 죄송할 따름이다. 모쪼록 이 책이 출간되는 데 도움을 주신 모든 분들께 감사의 인사를 드린다.

2014년 4월 22일

김 원

패션제품생산관리

목차

01

패션생산 관리의 목적

02
패션생산 관리의 구조

03
대표적 생산시스템

04 원가관리

05 패션제품 품질기준

06 품질관리

07
생산계획

08

일정관리

09
공정관리

10　아웃 소싱

11 수출입 실무

12
재고관리

Fashion Products Management

패션생산 관리의 목적

패션제품 생산관리

01 어패럴의 구조 이해

패션기업의 구조는 크게 직능적 조직과 사업부 조직으로 나눌 수 있다. 직능적 조직은 브랜드와 상관없이 같은 기능을 하는 부서가 통합적으로 모여 있는 형태이고, 사업부 조직은 하나의 브랜드 안에 운영에 필요한 서로 다른 기능의 부서가 모여 조직되어 있는 형태이다.

구분	직능적 조직	사업부 조직
장점	• 공동 구매를 통해 저렴한 단가로 사용할 수 있다. • 자사 타 브랜드와의 정보교환이 쉽게 이루어진다.	• 브랜드 내 부서 간의 협조와 커뮤니케이션이 잘 된다. • 브랜드의 특성을 잘 살릴 수 있다.
단점	• 타 부서 간 커뮤니케이션이 떨어진다. • 브랜드의 특성이 희석된다.	• 구매 단위가 적어지므로 구매 단가가 높아질 수 있다. • 타 브랜드의 지원을 얻기 힘들다.

02 패션기업의 생산방식

패션기업의 생산방식은 크게 수직 제조방식과 수평 제조방식으로 나눌 수 있다.

❶ 수직 제조방식(Vertical integration)
❷ 수평 제조방식(Horizontal integration)

수직 제조방식은 의류회사 자체가 생산 공정을 모두 소유한 경우인데 전체 생산 공정을 쉽게 통제할 수 있고, 상품의 정체성(Identity)을 유지하며 품질을 고수할 수 있다. 반면 수평 제조방식은 각 공정별 제작자가 따로 이루어지는 방식으로 대부분의 패션기업이 이러한 방식을 취하고 있다. 생산과정의 통제가 어렵고 재화가 이동해야 하는 번거로움이 있으나 생산비용의 절감을 위해 대부분 해외생산이 보편화되고 있으며 많은 아이디어의 접목으로 부가가치를 높이고자 선택된다.

03 패션생산 관리의 중요업무

❶ 원가관리 : 제조원가를 최저로 유지하면서 제품의 품질을 유지하고, 적합한 시기에 생산해 낼 수 있도록 결정한다.

❷ 품질관리 : 브랜드에 적합한 품질 수준을 갖고 있는지, 작업지시서의 기준에 따라 제조되었는지, 세탁과 취급주의에 문제는 없는지 검사한다.

❸ 생산계획 : 생산해야 하는 제품의 종류, 수량, 품질, 생산 시기를 과학적으로 예측한다.

❹ 일정관리 : 패션제품을 생산해 내기 위한 각 작업(직물, 부자재, 패턴, 재단, 봉제, 포장, 이동 등)을 수행하는 기간과 여력을 확인하고 각 작업들이 적합한 시점에 맞게 생산되도록 조절한다.

❺ 공정관리 : 수요예측에 따라 생산방식의 결정과 지연 원인을 분석·제거하며, 작업량을 계산하여 할당 계획 등을 수립한다.

❻ 재고관리 : 재고 보유는 비용이 소요되므로 이익과 비용의 균형을 맞출 수 있는 적정수준의 재고량 보유와 관리가 필요하다.

04
패션생산 관리의 목표는 고객만족의 실현

기업이 치열한 경쟁에서 살아남기 위해서는 소비자가 원하는 제품을 제공해야 한다. 소비자가 원하는 제품을 구체적으로 형상화시키는 최종적인 단계를 생산관리가 맡은 부분이기도 하다.

과거 획일적인 대량생산(Mass − product), 대량판매(Mass − marketing) 방식은 점차 개별 마케팅(1 to 1 marketing)으로 변화하여, 현재는 관계마케팅(Relationship marketing)으로 발전하였다. 관계마케팅은 고객과 지속적인 유대관계로 고객의 문제를 해결하고 고객에게 가치를 제공함으로써 기업은 안정적인 수익을 얻는 프로세스이다. 다시 말해 고객만족의 실현이 생산관리의 목적이 되어야 한다.

따라서 고객만족을 목표로 하는 생산관리 방식은 과거와 달라져야 한다. 제품의 큰 틀은 변화시키지 않은 채 세부기능이나 용도에 따라 변형시키거나 다른 제품과 병렬하거나 융합될 수도 있고, 납기 또한 새로운 관념의 요구에 맞추어 변화하여야 한다.

관계마케팅(Relationship marketing)의 개념

Q · C · D의 추구

01
생산관리의 기본 Q · C · D

패션산업이 시장주도형에서 소비자 주도형으로 바뀌었어도 생산관리의 기본인 Q(Quality 품질), C(Cost 원가), D(Delivery 납기)는 변함없이 중요한 목적이다. 최상위 목표인 고객만족의 맞추어 좋은 제품을 저렴한 가격으로 정해진 일정에 맞추어 제공하는 것이 변하지 않는 목적인 것이다.

그러나 기업의 목적인 수익성은 생산관리의 균형을 요구한다. 수익성을 무시하고 최상의 Q · C · D만을 추구하거나 고객만족을 시키려 한다면 기업은 파국을 맞이하게 되므로 이러한 딜레마를 해결해야 한다.

02
Q(Quality 품질)

고객의 욕구(Needs)에 기초해서 제품의 품질을 기획해야 한다. 한 점 흠집도 없이 가장 좋은 재료와 최고의 장인이 만든다고 해서 최선의 품질은 아니다.

수익성을 무시한 채 과도한 품질유지를 위해 불량률 제로를 목표로 한다든가, 너무 비싼 원 · 부자재를 사용한다든가, 인건비가 많이 드는 시스템의 생산방식은 경제적인 측면으로 볼 때 최선의 방법이 아니다.

따라서 적정한 불량률을 계획하고, 적합한 수준의 원 · 부자재를 투입하며 적합한 시스템을 갖춘 공장에서 생산해야 비용 대비 효과를 얻을 수 있다.

03
C(Cost 원가)

특정제품의 품질과 기능이 동일한 경우 고객은 가격이 저렴한 제품을 선택한다. 따라서 기업은 원가절감(Cost down)을 통해 이익을 확보하고 가격경쟁시장에서 우위를 확보하고자 한다.

제품의 생산과정에서 일어나는 모든 활동, 즉 원·부자재, 인건비, 물류, 부동산, 통신비, 전기, 수도, 가스 등 다양한 활동이 원가에 포함된다. 따라서 원가절감이란 이러한 다양한 범위의 활동을 각각의 활동별로 나누어 분석하고 절감의 요인을 찾아내어 적용하는 데 있다.

그러나 무리한 원가절감은 제품의 품질 저하로 이어져 소비자의 불만을 초래하고 신뢰를 잃어버려 매출 감소와 브랜드 가치 하락으로 발전할 수 있다.

04 D(Delivery 납기)

납기에는 2가지 측면이 있다. 첫 번째는 약속된 기일에 정확히 맞춰 생산하는 적기(Just in time)의 개념이고, 두 번째는 공장에서 제조하는 데 걸리는 생산기간을 줄이는 공기단축(Schedule compression)이다.

적기(Just in time)는 원하는 시즌에 맞게 제품을 생산해서 공급해야 하는 패션상품의 신선도와 관련이 깊다. 다른 공산품과 다르게 패션제품은 판매되는 시기가 계절의 영향을 받아 짧고, 시즌이 지나면 재고가 되어 적정한 마진이 확보되지 않은 가격에 판매해야 하므로 적정한 판매기간을 확보하여 제품이 공급되어야 한다.

공기단축(Schedule compression)은 갈수록 빨리 변화하는 트렌드(Trend)와 사회 환경의 변화에 맞춰 근접기획을 하려 하면 신속한 정보처리를 위한 비즈니스 환경의 디지털화가 필요하고 빠른 의사 결정으로 속도를 높여야 한다. 또한 생산 방법이나 구조 자체가 이에 대응할 수 있도록 공정을 설계하여야 하며 엄격한 일정 관리가 필요하다.

> ### POINT
>
> Delivery는 적기(Just in time)와 공기단축(Schedule compression)을 통해 수익성이 높은 충분한 판매기간을 확보하는 것이 목적이라 할 수 있다.

생산관리의 균형(Balance) 개념

SCM의 이해

01
생산관리와 물류는 하나이다.

과거의 생산관리는 공장을 중심으로 한 생산영역에 한정되어 있었다. 그러나 오늘날은 제품의 회전율을 높이고 부동산 비용의 절감을 위해 적체 장소를 축소화하고, 판매점의 적정 수준의 재고관리와 배송과정의 다양화 등에 따라 물류(Logistics)가 생산관리와 통합되어 일괄적인 흐름으로 변화되었다.

이처럼 조달 · 생산 · 유통을 일괄적 흐름으로 관리하는 SCM(Supply Chain Management, 공급사슬관리) 방식이 최근 패션기업들에게 적극적으로 채택되고 있다.

02
SCM (Supply Chain Management)

패션시장이 글로벌화되면서 글로벌 소싱(Global Sourcing), 제조, 마케팅, 지역별 특성화 등이 요구되고 전 세계 상품과 경쟁해야 하는 '무한경쟁시대'가 도래함에 따라 더욱 더 고품질, 저가격, 적기 납기의 중요성이 증대되고 있다. 또한 공급 사슬의 60~70%의 부가가치가 제조 이외의 부분에서 발생하므로 전체 라인의 관리가 필요하게 되었다.

과거 제품생산 중심의 사고에서 원 · 부자재의 조달, 제품의 유통의 중요성을 인식하는 패러다임의 변화가 일어나 최근 기업들은 부분최적화에서 전체최적화를 중시하게 되었고, 따라서 개별기업의 경쟁력보다는 협력업체의 경쟁력과 긴밀한 협조가 필요한 사회로 바뀌고 있다.

POINT

SCM은 '원·부자재 제공업자 – 생산자 – 판매자 – 고객'에 이르는 물류의 흐름을 하나의 가치 사슬로 파악하여 필요한 정보가 원활히 흐르도록 지원하는 시스템을 말한다. 기업 내의 부문별 최적화나 개별 기업 단위의 최적화에서 탈피하여 공급사슬의 구성요소들 간에 이루어지는 전체 프로세스 최적화를 달성하고자 하는 경영혁신기법이라 할 수 있다.

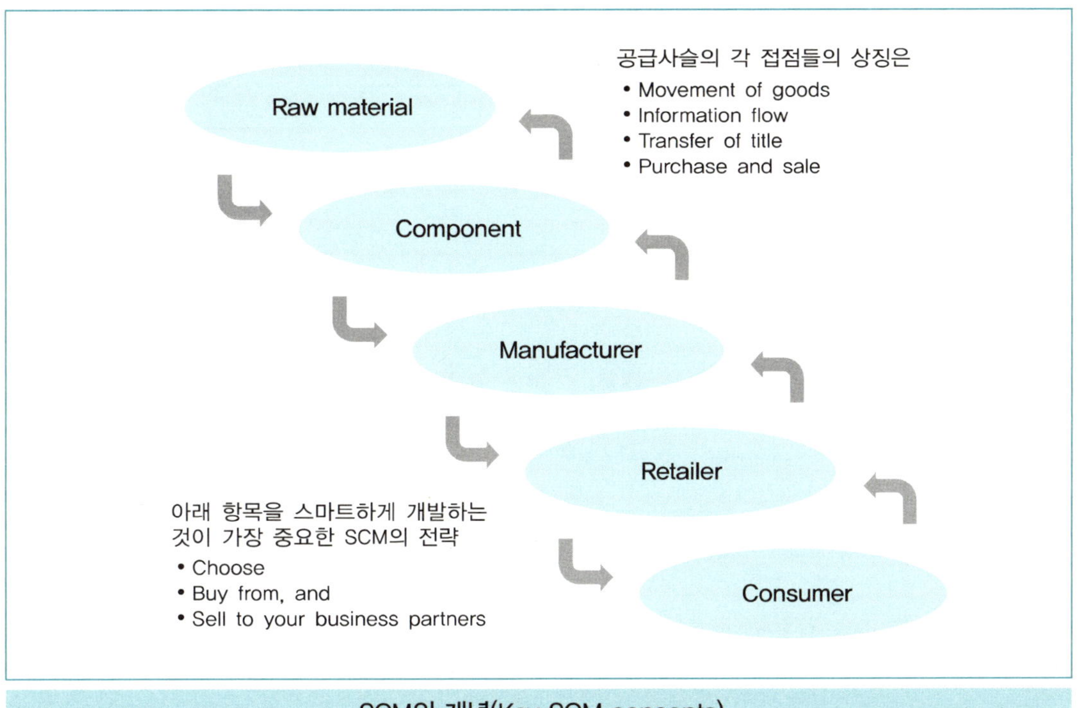

SCM의 개념(Key SCM concepts)

| SCM의 주요 용어 |

용어	해설
CPFR	• Collaborative Planning Forecasting and Replenishment(상호 공급 기획 예측 프로그램) • 외부와의 협업을 통해 채찍효과를 줄이는 방법 • 수요단에서 실제 수요보다 약간의 버퍼를 가져갈 경우 공급단에서는 크게 작용하는 현상
Forecast	• 단위기간에 실제로 주문 받은 양과 추가로 판매가 예측되는 양을 합한 단위기간의 판매예측 수량 • 실제 주문 받은 양은 S/O(Sale Order)라 하고, 판매 예측치는 Forecast라 함
Demand	특정 단위기간에 판매자가 실제로 필요한 수량
RTF	Return To Forecast(판매자의 Demand에 대한 생산자의 공급 가능량) 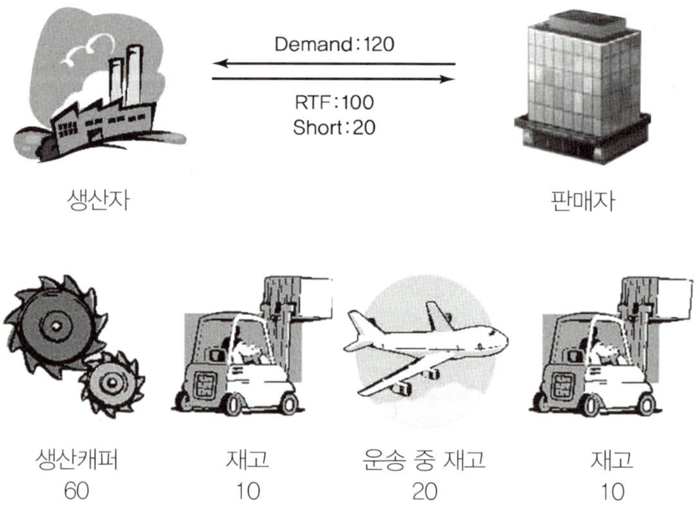 RTF＝판매자 재고＋운송 중 재고＋생산자 재고＋생산가능 수량
SOP	• Shipping &Operation Plan(생산자가 선적하는 수량) • 예 재고 10＋생산가능 수량 60＝SOP 70
Allocation	우선 순위에 따라 RTF를 판매 단위에게 할당하는 것

MEMO

Fashion Products Management

패션생산 관리의 구조

생산관리의 업무분담

01 전략적 자원조달계획

하나의 제품을 생산할 때 내부에서 원·부자재를 모두 조달하는 경우는 없다. 기업이 보유 활용할 수 있는 경영자원은 한정되어 있어 외부에서 구입하는 것이 더 경제적일 경우가 많다.

타사로부터 구입할 품목과 자체 생산할 품목을 결정하는 것은 경영전략 분야의 매우 중요한 테마라 할 수 있다. 이전에는 이것을 'Make or Buy'라고 하여 자체 생산과 구매 여부를 원가 측면에서만 판단했었으나 최근에는 경영자원의 최적 배분이라는 전략적 측면에서 결정하며 이러한 기법을 아웃소싱(Out sourcing)이라 한다.

기업의 한정된 자원을 분산하여 사용하면 효과는커녕 쉽게 고갈되므로 기업의 경업 자원의 가장 핵심적인 부분에 집중해서 사용하고 나머지 부분을 아웃소싱하는 것이 최근의 경영기법이다.

02 구매와 외주의 차이점

구매와 외주는 외부로부터 자원을 얻는다는 비슷한 개념이지만 다음과 같은 차이가 있다. 구매에는 구입하고자 하는 제품의 사양(Specification)이 포함된다. 다시 말해 타사가 스스로의 책임 하에 개발·설계·제조한 제품에 대해 대가를 지불하고 사는 것을 말한다.

반면 외주에는 구입하는 제품의 사양이 포함되지 않는다. 즉, 개발과 설계는 발주 측의 책임하에 이루어지고 외주 업체는 그 사양에 따라 생산만을 담당하는 것으로, 한마디로 사외의 제조업자에게 설계도면을 건네주고 이에 따라 제품생산을 의뢰하는 것을 말한다.

실제 패션업계는 대부분 구매와 외주생산에 의존하고 있다. 따라서 좋은 제품을 보다 저렴하게 만들기 위해서는 수준 높은 외주거래선과 구매거래처를 선택하는 것이 중요하다.

현재 많은 기업들이 이러한 점에 착안하여 외부 업체와 계열화하거나 업체 등록제 등을 통해 긴밀한 제휴관계를 맺고 있다.

03 분업과 통합

제품을 생산해 내기 위해서는 사내와 사외를 포함한 광범위한 영역에서 적절한 분업이 필요하다. 하지만 분업이 이루어져 업무 하나하나가 독립되어 있다 하더라도 회사 전체적으로는 반드시 통합되어야 한다. 왜냐하면 업무가 독립적으로만 흩어져 있으면 고효율을 달성하지만 각 부서이기주의로 인해 목표점에 도달하지 못할 수도 있기 때문이다.

광범위하게 분업화된 업무를 전체적으로 통합하기 위해서는 유사 부서를 묶어주어 그룹화하고, 업무의 흐름에 따른 배치, 연관부서와 소통을 하기 위한 구조 등을 염두에 두고 조직해야 한다.

같은 업무를 맡은 인원으로 모인 집단을 계(係), 여러 계(係)를 묶어 프로세스의 흐름의 하나의 단위가 되는 것을 과(課), 과(課)를 묶어 큰 하나의 프로세스의 단위가 종결되면 부(部)로 분류된다.

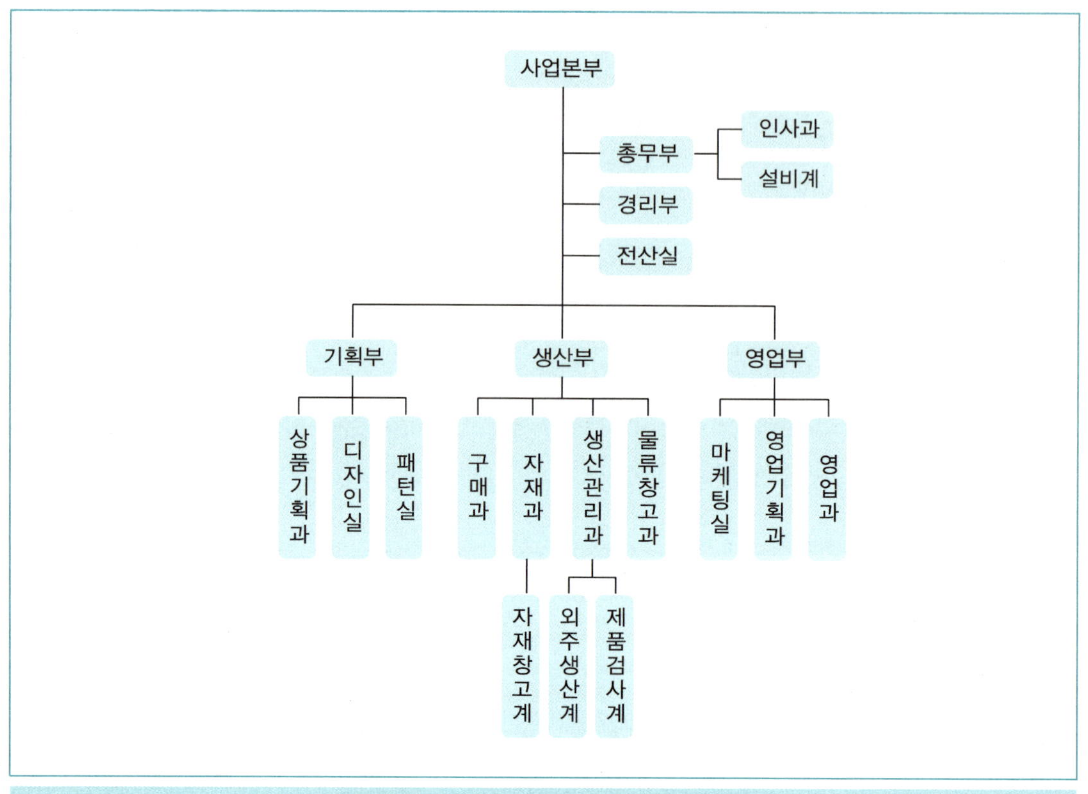

패션기업의 업무분담에 따른 조직도 예제

생산방식의 기본유형

01
라인(Line) 생산과 일체형(객공) 생산

라인(Line) 생산은 대량의 제품을 생산속도를 높여 작업할 수 있도록 여러 개의 유닛(Unit)으로 분리하여 개인별로 부분품을 제작하고 이러한 부분품을 조립하여 완성품을 만드는 방법으로 제품의 복잡도에 따라 20~30명에서 150~200여 명이 하나의 라인이 되어 생산작업을 한다. 라인의 중간에 하나의 부분품이라도 불량이 발생하면 전체 라인이 멈추게 되므로 중간중간에 품질 검사 및 진척 관리 등이 중요하다.

일체형(객공) 생산은 소량의 제품을 균일한 품질로 생산하기 위한 방법으로 생산자 개인의 세부 부분품부터 완성품까지 제작하게 되므로 생산 속도가 라인생산보다는 훨씬 느리다. 그러나 라인에서 생산할 수 없는 소량생산이 가능하며, 난이도가 매우 어렵거나 고품질의 제품을 생산하기에 적합하다.

그러나 생산자 개인 간의 커뮤니케이션이나 생산관리가 안 되면 서로 다른 품질이나 봉제방법이 다른 제품이 생산될 수 있으므로 긴밀한 생산관리가 필요하다.

02
계획생산과 주문생산

계획생산(예측생산)이란 시장의 수요 등을 감안하여 생산계획을 수립한 뒤에 사전 또는 비수기에 제품을 생산하는 방식을 말한다. 반면에 주문생산(수주생산)이란 고객이나 사입 판매점의 주문을 받고 나서 제품을 생산하는 방식을 말한다.

생산기간이 비교적 오래 걸리는 남성복이나 유통형태가 백화점이나 직영점으로 구성되어 있거나 프랜차이즈를 위탁형태로 진행하는 경우 대부분 계획생산으로 진행하게 된다.

생산 소요시간이 짧고, 주문을 받아 생산을 시작해도 납기를 맞출 수 있는 경우, 프랜차이즈를 사입 형태로 진행하는 경우에도 수주를 받아 생산하는 방식을 취한다.

일반적으로 대부분의 기업은 계획생산이 아닌 주문생산을 선호한다. 왜냐하면 계획생산을 하게 되면 반드시 제품의 과부족이 생기기 때문이다. 그럼에도 불구하고 계획생산을 하는 이유는 고객이 희망하는 납기를 제때에 맞추기 위해서이다.

03
오더 메이드 (Order made)와 리오더(Reorder)

오더 메이드(Order made)는 생산 시 디자이너가 작성한 작업지시서에 의거하여 제품을 만드는 방식으로 패션제품은 매 시즌 새로운 제품을 개발해야 되는 특성상 대부분의 상품이 이에 해당된다.

리오더(Reorder)는 제품의 판매기간 중 판매양호 상품을 반복해서 생산해내는 방식을 말하며 기존의 작업지시서를 사용하기도 하고, 원·부자재의 수급이나 계절적 요인을 고려하여 일부를 변경하여 생산하기도 한다. 리오더는 신속성이 가장 중요한 요소로 판매시점을 놓치게 되면 판매가격을 낮추거나 재고상품이 되어 기업의 수익성에 문제가 발생된다.

04 소품종 대량생산과 다품종 소량생산

소품종 대량생산은 수출 주도형 산업구조시 성행한 방식으로 아이템(Item)을 특화시켜 전문성을 유지하면서 대량생산으로 비용을 절감하고 생산속도를 높여 수익을 창출하는 방식이다. 가장 저렴하게 생산할 수 있으며 적은 마진(Margin)구조를 가지고 있다.

반면 다품종 소량생산의 경우 소비자의 욕구에 맞춰 다양한 상품을 구비하려는 소매점에 초점이 맞춰진 방식으로 다양한 아이템을 전개해야 하므로 아웃소싱(Out sourcing) 형태의 생산이 많고, 소량생산이므로 상대적으로 원가구조가 높다. 또한 다양한 제품인 만큼 다양한 방식으로 순환을 시켜야 하며 리오더의 활용이 많은 방식이다.

실제 기업에서 생산방식의 적용은 단순히 결정되기보다는 상황과 목적에 따라 적절히 조합하여 진행된다. 따라서 유연한 사고방식을 가지고 생산방식의 장단점을 이해하고 상황에 맞게 생산방식의 믹스(Mix)가 필요하다.

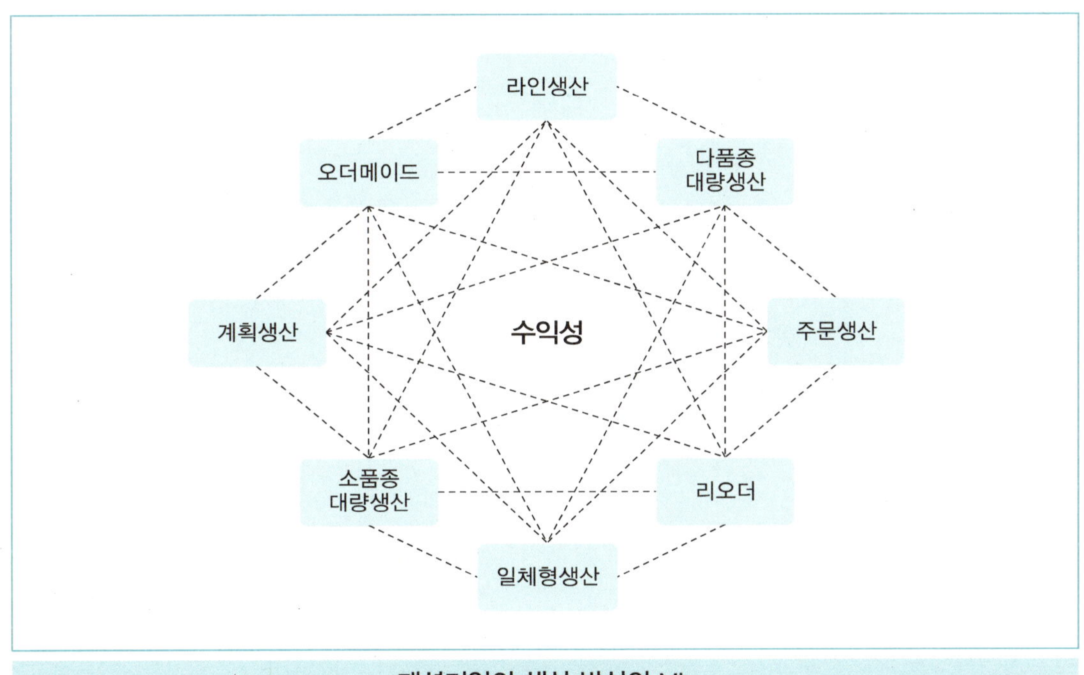

패션기업의 생산 방식의 Mix

생산관리의 매니지먼트 사이클

01
계획(Plan)

경영활동의 유기적 요소로 계획(Plan)−실행(Do)−평가(See)가 기본적으로 사용되는 개념으로 기업의 목표를 정하고 이에 따른 전략을 수립하여 실행을 추진하고, 성과를 분석하여 결과를 다시 피드백(Feedback)하는 일련의 과정이 순환 반복적으로 이루어져 효과적인 이윤추구를 하게 된다.

계획(Plan)은 과거 자료를 기초로 하여 통계기법 등을 통해 미래를 예측하는 과정으로 유연성 있게 불리한 상황과 유리한 상황의 변화를 인지하여 반영하여야 한다. 좋은 계획은 좋은 성과로 나타나므로 신중하고 세심하게 반영되어야 한다.

> **POINT**
>
> 계획(Plan)은 구체적이고(Specific), 측정 가능한 형태로(Measurable), 달성 가능하고(Achievable), 현실적이면서(Realistic), 시기 적절하게(Timely) 작성해야 한다. 즉, 약자대로 SMART하게 세워졌는지를 확인하면 된다.

02 실행(Do)

계획 후에 할 일을 실천하는 것으로 우선적으로는 업무와 관련 있는 모든 구성원에게 계획된 내용을 모든 정보 매체를 이용하여 전달해야 한다. 최근 IT기술의 발전은 다양한 기기를 통해 커뮤니케이션의 통로를 구성할 수 있으므로 이를 적절히 이용해야 한다. 계획이 입안되었더라도 업무 관련자 전원에게 전달되지 않는다면 업무를 진행할 수 없다. 따라서 구성원 수가 많더라도 상세히 정보가 전달되어야 하고 모두가 상호 융화될 수 있도록 해야 한다.

구체적으로 실행되기 위해서는 구성원들이 왜 해야 하는가에 대한 공감, 무엇이 달성되는가에 대한 믿음, 일을 추진하는 방법에 대한 확신, 일의 지속성에 대한 인식이 되어야 한다.

또한 실행은 계획과 비교하면서, 유연하게 조정될 수 있는 메커니즘(Mechanism)으로 진행되어야 한다.

> **POINT**
>
> 실행(Do)은 정보의 전달과 구성원의 공감과 융합이 실질적으로 업무를 추진토록 하는 원동력이다.

03 평가(See)

평가(See)는 절대평가와 계획대비 실적을 비교하는 상대평가가 동시에 이루어져야 한다.

절대평가는 현물관리(現品管理)라 할 수 있다. 언제, 무엇이, 어디에, 얼마나 있는가를 명확하게 해야 하는 것으로 여러 곳에 흩어져 있는 재고 자산 또는 제품이 동일시점에 계수화되어야 하므로 전산화해야한다.

상대평가는 시간대별로 계획대비 실적을 계수화하는 것으로 지연 상태나 진행 상태를 파악하는 것을 말한다. 이를 생산관리에서는 진척관리라 한다.

최근에는 ERP(Enterprise Resource Planning, 전사적 자원관리)가 구축되어 기업의 생산, 영업, 구매, 재고관리, 회계부서 모두가 기업에 필요한 정보를 동시에 갖게 되어 기업의 전 부문이 통합적으로 운영되고 있다. 기업은 생산시간의 손실을 최소화하게 되며, 시스템상에서의 재고 정확도가 지속적으로 개선되는 효과를 거둘 수 있게 되었다.

POINT

평가(See)는 주기적으로 실행한 결과에 대한 분석을 통하여 목표 달성 여부와 성과를 분석하여 목표를 수정하거나 계획을 보완하든지, 실행 방법의 개선을 통해 효과적인 방안을 찾아가는 과정이다.

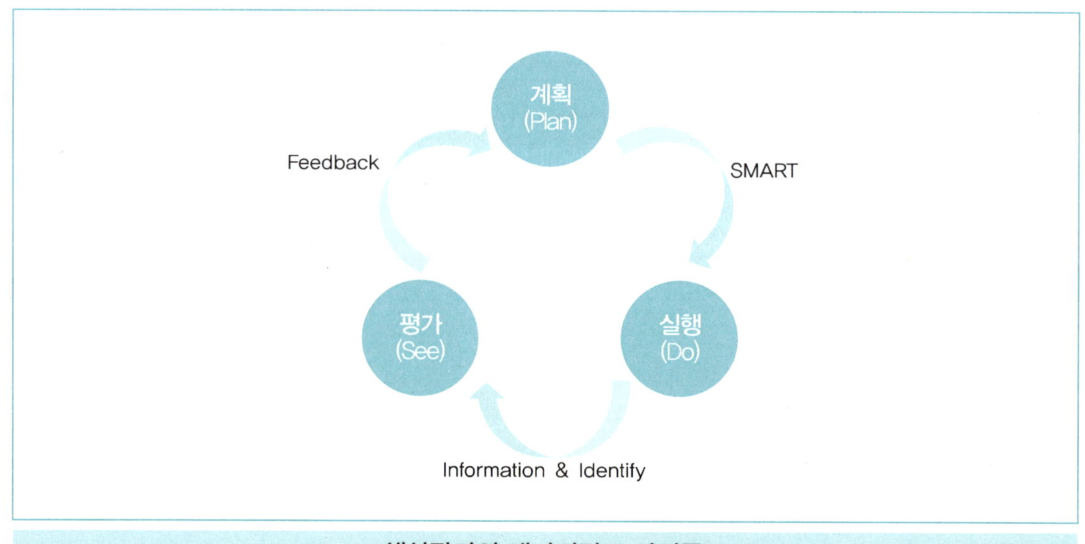

생산관리의 매니지먼트 사이클

MEMO

Fashion Products Management

대표적 생산시스템

TPS(도요타 생산시스템)

01
철저한 낭비의 배제

생산관리 기법 가운데 가장 대표적인 것으로 도요타자동차가 오랜 기간에 걸쳐 개발해낸 '칸반시스템(看板 System)'이 있다.

칸반(Kanban)이란 품명·수량·납기 등이 기입되어 있는 카드로서 겉으로는 별다른 특징이 없으나 도요타의 독자적인 체계와 사고방식에서 그 위력을 발휘한다. 도요타의 사고방식은 한마디로 '철저한 낭비의 배제'라고 할 수 있다. 생산 측면의 대표적인 낭비요소를 보면 다음과 같다.

- 과잉생산의 낭비
- 재고의 낭비
- 불량의 낭비
- 작업대기의 낭비
- 운반의 낭비
- 가공의 낭비
- 동작의 낭비

도요타의 생산설비나 기술, 구성원, 정보시스템은 최고 수준이다. 그러나 이러한 생산자원을 100% 발휘할 수 없다면 경쟁에서 뒤쳐질 수밖에 없다. 이에 가능한 한 생산자원을 낭비하지 않고 사용할 수 있도록 하는 방식이다.

결국 도요타식 생산의 핵심은 종합력에 있으며, 이를 통해 각종 낭비요소를 철저하게 배제하고 있다.

다음의 도표는 도요타의 생산 관리시스템의 체계를 나타낸 것으로 도요타 사고방식이 체계화되어 시스템화되는 과정을 보여주고 있다.

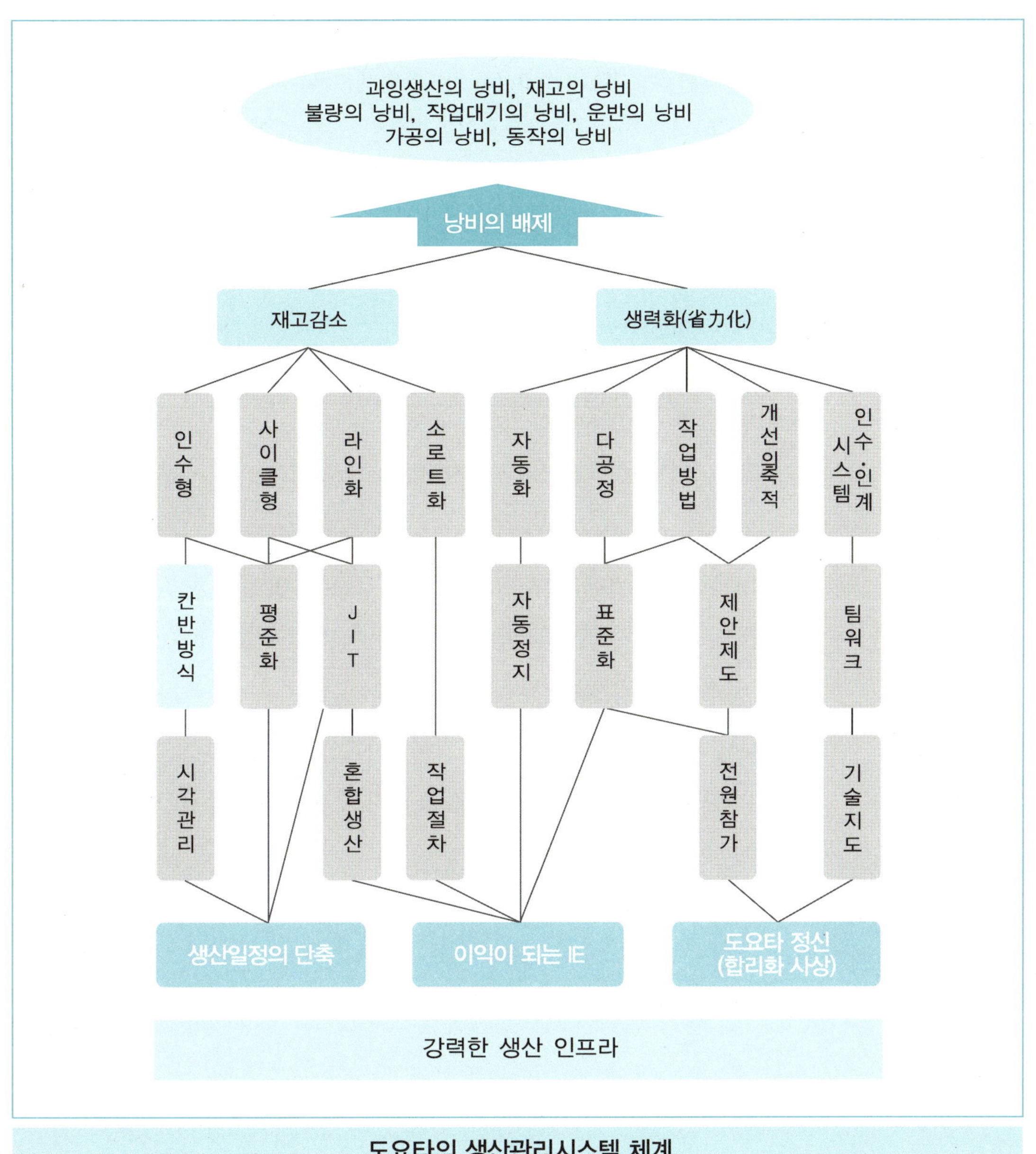

도요타의 생산관리시스템 체계

02

**생산일정
(Lead time)의
단축**

도요타 생산시스템의 특징은 생산기간(Lead time)이 굉장히 짧다는 것이다. 생산일정을 짧게 하기 위해서는 여러 가지 방법이 필요한데, 우선 재고량을 감소시켜야 한다. 이를 위해서는 생산의 '평준화'나 눈에 보이게 관리하는 '시각관리', 'JIT(Just in time)'의 체계가 필수적인데 로트(Lot)의 사이즈(Size)를 적게 하는 '소로트화'도 중요한 조건 중에 하나이다.

03

이익이 되는 IE

낭비를 제거하는 개선기술에도 도요타다운 독특함이 있다. 가장 대표적인 개선기술로는 산업공학(IE ; Industrial Engineering)이 있는데 도요타에서는 이것을 '이익이 되는 IE'라는 사고방식으로 더욱 발전시켰다.

도요타의 IE에서는 작업자의 업무과정을 자세하게 분석해서 낭비되는 동작을 제거한다. 이와 같이 '작업절차'를 개선하고, 라인이 멈추지 않도록 '혼합생산'이 가능한 라인을 설계하며, 제품이나 공정을 '표준화'시켜 '자동화'할 수 있도록 한다.

이러한 방법들은 로트(Lot) 수를 적게 생산하면서도 효율적으로 빠르게 전환할 수 있어 다품종 소량생산으로 소비자의 요구에 맞출 수 있는 시스템인 것이다.

04 도요타 정신 (합리화 사상)

마른 수건을 쥐어 짤 정도의 철저한 도요타 정신을 지탱하는 것은 모든 임직원이 참여하는 '제안제도'이다. 제안제도는 모든 사람의 의견을 합리적인 관점에서 받아들이는 '합리화 사상'에 있다. 이러한 바탕에 제안제도가 연간 70만 건이 넘는데 이것이 가능한 이유는 세밀한 '기술지도'와 '팀워크'가 확립되어 있기 때문이다.

이러한 활동으로 '개선을 축적'하고 기업경영의 낭비를 배제하고 불합리를 개선하는 '생력화(省力化 Laborsaving)'를 추구한다.

05 칸반의 3가지 유형

칸반은 위치의 변화에 따라 입고칸반, 생산칸반, 인수칸반으로 나눌 수 있다.

입고칸반은 외주공장에서 자사공장으로 재료나 부품을 납품하기 위해 이용한다. 우선 외주공장에서는 칸반이 지시하는 품명, 수량, 입고 장소, 일고 일시 등을 확인한다. 그 다음 지시를 통해 해당 물품을 용기에 넣고 칸반을 첨부해서 공장의 지정 장소로 운반한다. 그러면 공장에서는 가공담당자가 납품된 재료를 사용할 때 첨부되어 있는 입고칸반을 따로 보관하고, 재료만을 가져간다. 외주공장에서는 납품 후 비어 있는 칸반만을 가지고 돌아가며 다시 칸반의 지시에 따라 공정을 수행한다. 이러한 공정을 사이클이라고 하고 생산량에 따라 하루에 1회의 사이클을 갖기도 하고 수십 회 정도의 사이클을 갖기도 한다.

생산칸반이나, 인수칸반 역시 기본적인 사고방식은 동일하나 수행하는 방법이 약간씩 다르다. 결국 칸반시스템은 칸반의 수를 제한함으로써 유통량이나, 재고의 상한선을 자연스럽게 통제한다. 이때 전체 공정의 진행을 밀어내기(Push형) 식이 아닌 채우기(Pull형) 식으로 통제하는 방식이다.

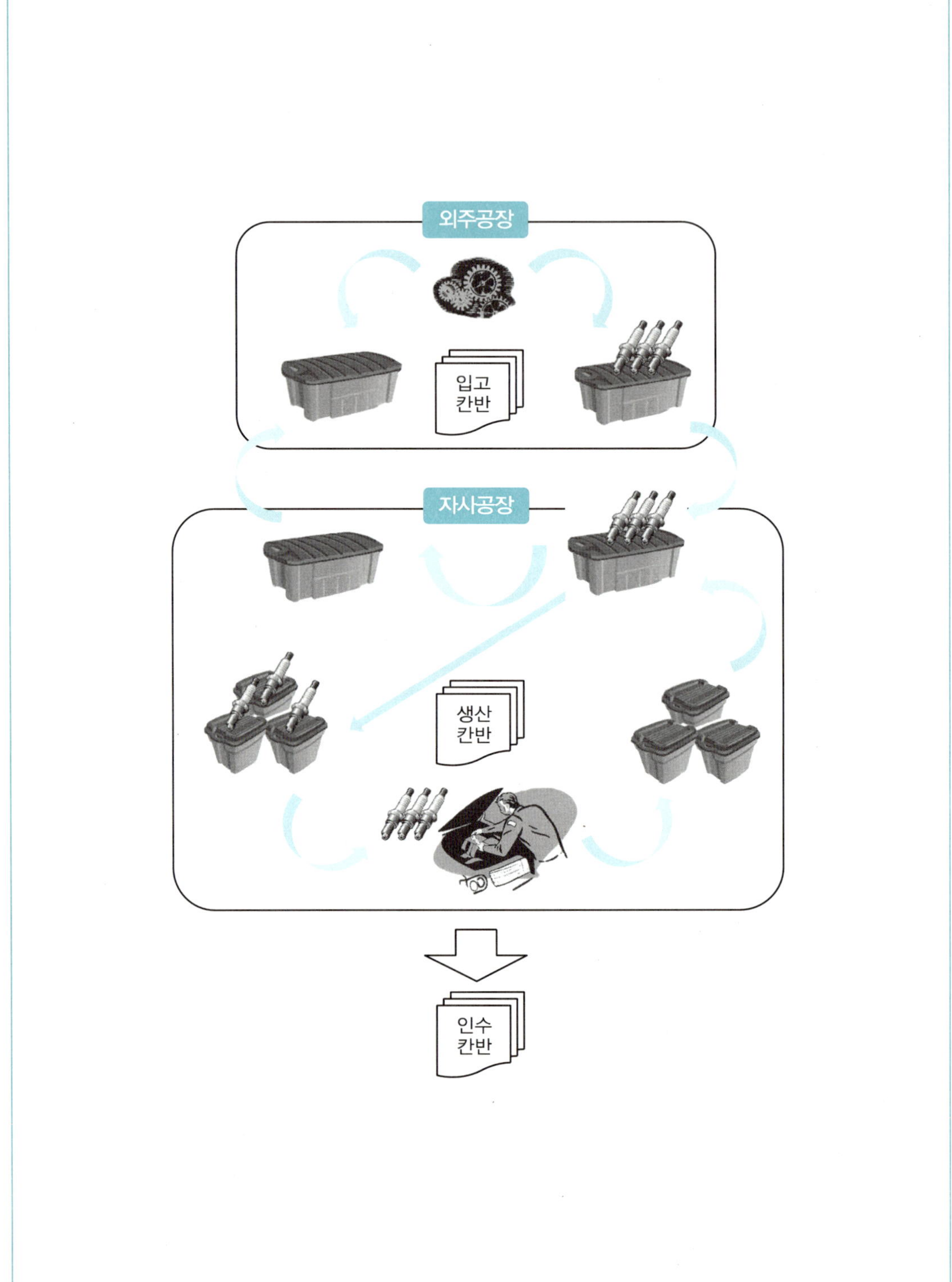

칸반시스템의 흐름

제조번호시스템

01
**제조번호
시스템의 의의**

일반적으로 공장에서는 여러 종류의 제품을 만들게 되며, 이를 관리하기 위해 한 건 한건마다 번호를 붙이게 된다. 여기서 한 건이란 한 개를 의미하는 것이 아니라, 동일한 제품을 여러 개 만들면 한 건으로 처리하는 생산 로트(Lot)에 붙여지는 코드명이다.

이러한 관리방법은 제조시기가 다른 제품이나, 원단의 이색으로 인해 컬러를 구분해 줄 필요성이 있을 경우, 제품의 사이즈 구분 등의 혼란을 막을 수 있다. 또한 계획 대비 진척에 대한 관리를 계수적으로 할 수 있다.

02
**제조번호
시스템의 장점**

패션제품의 생산에 일반적으로 적용하는 제조번호시스템은 누구나 이해하기 쉽게 되어 있다. 패션제품의 제조번호에는 브랜드명(Brand name), 생산연도, 시즌(Season), 아이템(Item), 일련번호, 컬러(Color), 사이즈(Size), 생산 로트(Product lot), 리오더(Reorder) 등이 표기되어 있다.

제조번호만으로도 제품의 생산시기부터 어떤 아이템이고, 어떤 컬러와 사이즈인지를 알 수 있고, 외형으로는 같은 제품이라도 컬러가 달라서 생긴 생산 로트의 차이까지도 알 수 있다.

제조번호는 계획 수립시 제품의 구분이 필요할 때라든지, 제품별 원가계산을 할 때, 제품의 작업지시서 · 작업전표 · 출고전표 등에 기입되어 실적치를 분류 · 집계할 때 이용된다. 또한 원 · 부자재의 납품서 등에 기입되어 준비상태나 진척을 파악할 수도 있다.

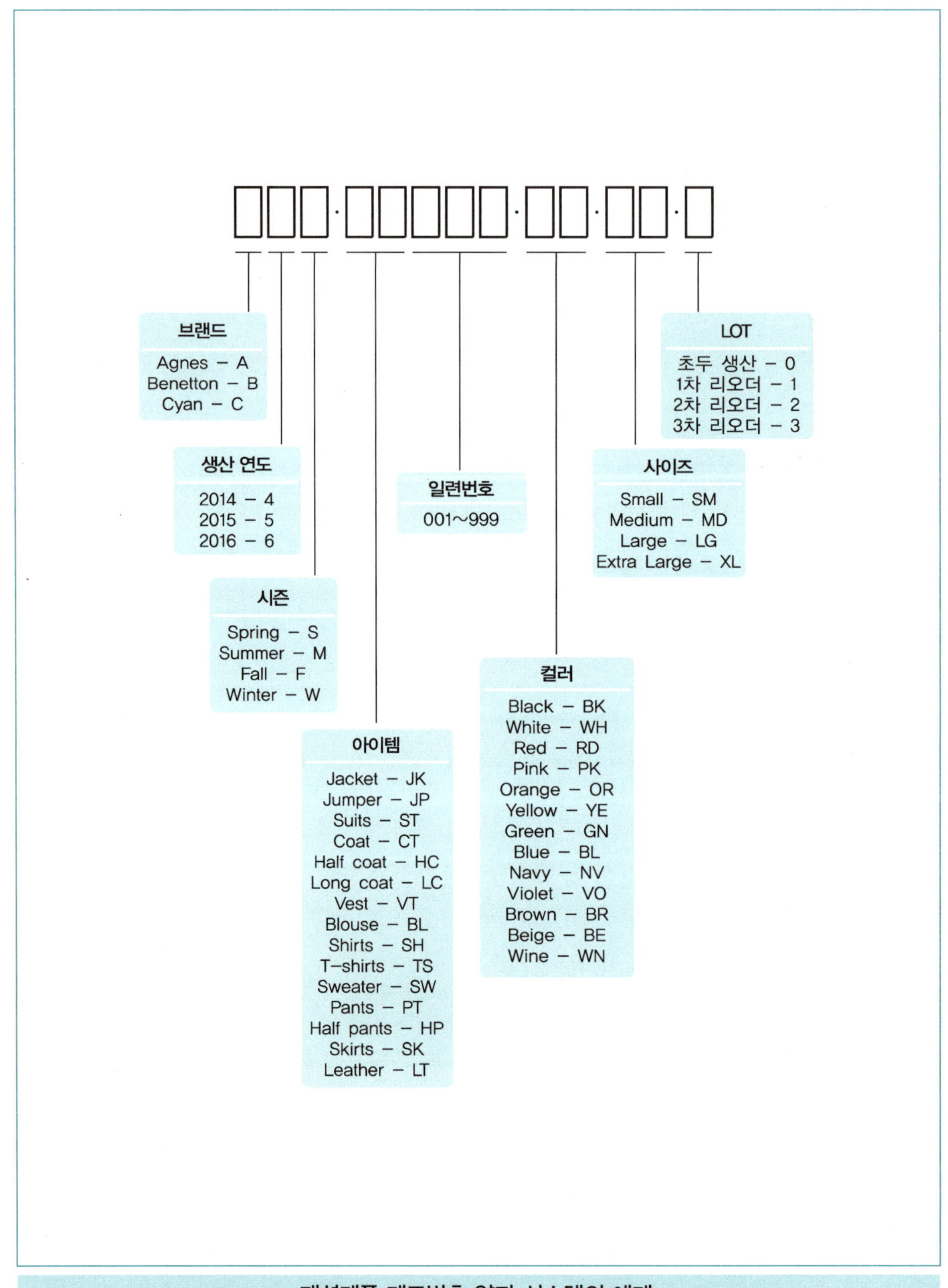

패션제품 제조번호 약자 시스템의 예제

03 바코드 (Bar code)

바코드는 제조업체 또는 유통업체가 제품의 겉면에 흑백의 막대모양 기호로 인쇄해 놓은 것으로 막대의 굵기에 따라 숫자를 표현하며 스캐너(Scanner)를 사용하여 광학적으로 판독하여 입고 · 매출 · 재고 등의 상품관리에 사용한다.

바코드에는 8~16줄의 막대모양이 있는데, 생산국, 제조업체, 상품유통, 유통경로 등이 저장되어 있고, 판매 시 판매량, 금액 등의 각종 정보를 집계할 수 있다. 따라서 바코드를 사용하면 판매시점 정보관리(POS ; Point Of Sales) 시스템을 이용하여 즉시화된 정보를 얻을 수 있다.

바코드의 체계는 유럽과 아시아에서 사용하는 EAN(유럽상품코드)와 미국과 캐나다에서 사용하는 UPC(통일상품코드)로 나누어지는데 한국은 EAN으로부터 국가별 코드인 880을 부여받아 KAN(한국상품코드)를 운영하고 있다.

바코드의 4~7자리까지의 숫자는 업체별 고유코드이고, 8~12자리의 숫자는 상품에 부여하는 코드이다. 마지막 13번째 자리 숫자는 바코드 구성의 신뢰성을 보장하는 코드이고, 가격은 별도로 표시된다.

바코드(Bar code)의 예제

04

QR 코드
(QR code)

QR 코드는 사각형의 격자무늬에 2차원적 매트릭스 구조로 다양한 정보를 담을 수 있어 빠른 대응이 가능하다. Quick Response의 약칭인 QR을 사용한다.

QR 코드는 20자 내외의 숫자정보만을 저장할 수 있는 바코드의 한계성을 극복한 2차원적 구조로 만들어져 있다. 때문에 한글 1,700자, 숫자 8,000자까지 저장할 수 있다.

일본 덴소웨이브사(社)가 1994년에 만들었으나 라이센스를 개방하여 다양한 분야에 널리 쓰이고 있다. 특히 최근에는 마케팅이나 홍보수단으로 많이 사용된다.

최근에는 스마트폰에서 어플(Application)을 다운받아 누구나 QR코드를 스캔(Scan)할 수 있어 직접 상품정보를 확인하기도 하고, 온라인(On-line)으로 연결되어 인터넷 홈페이지로 이동하기도 하고, 은행이나 신용카드 회사에서는 결제 서비스를 제공하고, 이벤트 정보, 홍보 동영상, 사진정보, 입장권, 할인권 등 다양하게 사용된다.

QR 코드 만들기 사이트를 이용하여 누구나 자신만의 QR 코드를 만들 수 있으며 개인 명함에 프린트하여 스캔을 하면 개인 블로그(Blog)나 트위터(Twitter) 등의 SNS계정으로 이동되어 개인의 홍보에도 사용된다.

QR 코드(QR code)의 예제

SNS 시스템

01
SNS 시스템의 의의

SNS 시스템(Sequence Numbering System, 누계번호 시스템)이란 어떤 제품을 생산하는 데 있어 필요한 원·부자재의 계획과 진척, 완성품의 누계수량 등을 파악하기 위해서 제품 하나하나에 관련된 번호를 부여하는 것으로, 이때 부여된 번호를 누계번호(Sequence number)라고 한다.

이는 계획 데이터와 실적 데이터를 수집·작성하는데 간단하면서 이원화하여 관리하기 쉽다. 특히 대량생산 제품으로 여러 라인에서 생산하는 방식으로 생산량의 합산이 필요하거나, 계속형 생산 방식으로 이월재고가 발생하였을 경우 계산의 출발점이 된다.

생산의 진행 정도를 계획 데이터와 비교하여 차기 계획의 생산 품목, 일정, 공정 등을 유용하게 조정할 수 있는 생산관리 기법이다.

02
SNS의 공정 흐름

공장에서 실제로 이루어지는 생산공정의 흐름은 스톡(Stock)과 흐름(Flow)의 조합이다. 즉, 제조 중인 미완성품은 공정에서 공정으로 흘러가는 Flow가 되지만, 공정 간의 가공이 끝난 부품은 재고(Stock)가 발생하고 그 다음에는 완성된 재고(Stock)가 생긴다.

이처럼 공정 과정에서 쌓이는 재고는 자칫 낭비로 여겨질 수도 있다. 그러나 이러한 재고가 없다면 시장이 요구하는 신속한 납기에 대응할 수 없다. 완성품을 만들기 위해 봉제하기도 빠듯한 시간에 원·부자재를 준비하려 한다면 납기를 맞출 수 없기 때문이다.

최근 '재고의 제로화'를 추구하는 기업이 많아졌는데 이는 자사가 보유하는 재고는 없지만 협력업체에서 재고를 보유토록 하여 자사의 낭비를 줄이고 납기를 맞추는 관리방법이다.

일반적으로 패션제품 생산방식으로 스톡(Stock) 연쇄형 생산이 사용되는데 중간 공정의 재고를 감안한 계획을 수립하여야 한다.

반면에 플로우(Flow)형 생산은 생산 전체를 공정의 연쇄로 인식하여 창고가 있더라도 이를 공정에 있는 미완성품으로 간주하여 공정을 일관성 있게 통제하는 방법으로 SNS 시스템(누계번호 시스템)에 적합한 시스템이다.

스톡(Stock) 연쇄형 생산은 공정과 공정 사이에 있는 재고 데이터를 관리하기 위한 별도의 시스템이 있어야 하는데, 플로우(Flow)형 생산은 일괄 연쇄 방식으로 공정을 통제하여 재고개념이 없기 때문에 쉽게 계획을 변경할 수 있다.

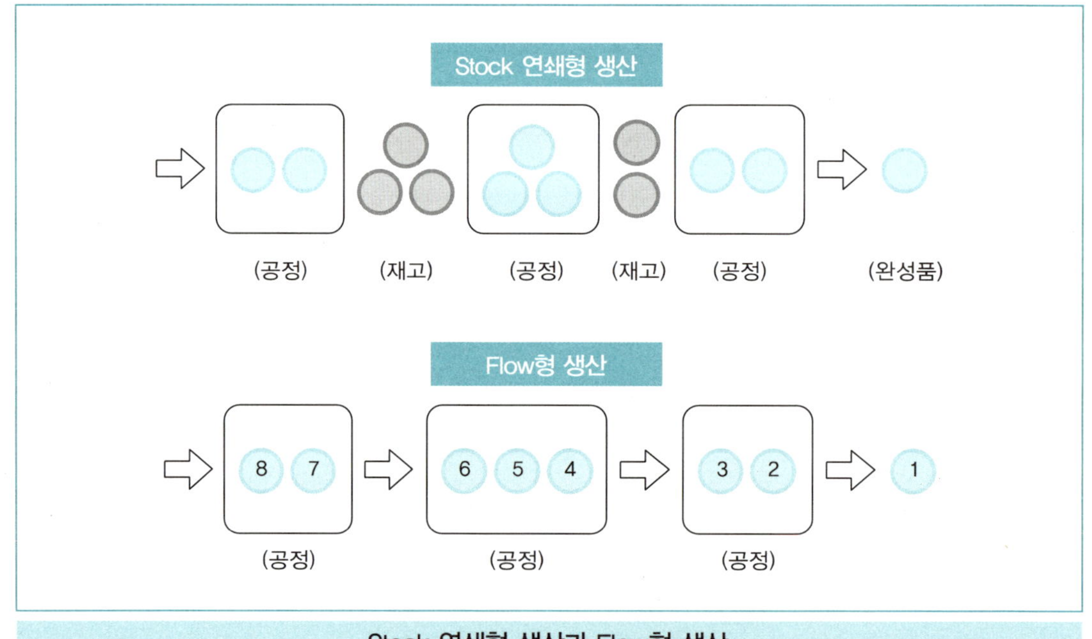

Stock 연쇄형 생산과 Flow형 생산

| 패션제품 생산 시스템의 종류 |

문제 발생		대처 방안
스트레이트 라인 시스템 (Straight Line System)		소품종 대량생산에 적용되며 재봉기를 일렬로 배치하여 한 작업자가 하나의 공정을 담당한다. 공정이 끝난 재료는 옆에 있는 테이블이나 컨베이어로 다음 작업자에게 이동된다.
	장점	숙련도가 낮은 작업자라도 수행이 가능하고 재료의 이동시간과 비용이 절감된다. 불량 발생 시 원인파악이 쉽고, 작업자당 소요면적이 적다.
	단점	가동시간의 균형 유지가 어렵고 재료이동의 정체 현상이 생길 수 있으며, 제품이 바뀔 때마다 라인의 재배치가 필요하다.
싱크로나이즈드 라인 시스템 (Synchronized Line System)		스트레이트 라인 시스템의 단점을 보완한 시스템으로 공정분석에 따라 기계설비를 다양하게 배치하여 단일흐름작업과 부분적 병행흐름작업을 조합하여 사용한다. 현재 가장 많이 사용된다.
	장·단점	스트레이트 라인 시스템과 유사하나 좀 더 넓은 작업실이 필요하다.
번들 시스템 (Bundle System)		기종별 특성에 따라 편성된 시스템으로 한 묶음 단위로 부속 공정 들을 완성한 후 합복을 하는 순서로 진행된다.
	장점	작업자 수가 적어 중소기업에서 많이 사용되며, 작업자가 전후 공정의 영향을 받지 않고, 개개인의 실적 파악이 쉽다. 지연공정이 발생되면 인원보충 등이 유연하여 공정 간의 균형유지가 쉽다.
	단점	단위 부속 작업이 끝날 때까지 중간재고가 증가하고, 전체 진척 사항을 파악하기가 어렵다.
블록 시스템 (Block System)		공정과 업무를 분석해서 블록(block)별로 공정을 진행한다. 블록은 4~6명으로 구성되며 팀장을 두어 독립적인 책임을 분담한다.
	장점	유사공정을 함께 편성하면 블록 간의 경쟁으로 생산성이 향상된다. 작업량의 조정을 블록별로 할 수 있다.
	단점	여러 공정을 한 작업자가 완성해야 하므로 숙련도가 있어야 하며, 기계를 순차적으로 써야 하므로 가동률이 낮다.
페어 시스템 (Pair System)		다품종 소량생산에 적합하며 2명이 한 개의 조로 구성되어 공정에 따라 주무자와 보조로 나뉘어 담당한다.
	장점	작업장의 레이아웃이나 작업반 조직이 쉽다. 불량 발생 시 원인 파악이 쉽고, 작업관리가 용이하다. 조별 실적관리가 편하다.
	단점	특종 기계의 가동율이 낮고, 작업자가 작업 전체를 이해하고 진행하는 고기능자가 필요하다. 1인당 생산량이 적다.
JIT시스템 (Just In Time System)		도요타에서 개발한 생산 시스템으로 시간낭비를 줄이고 재고의 제로화(zero)를 추구하는 방식이다. 원·부자재의 공급에서부터 생산과정의 각 단계를 정확한 시간을 측정하여 배분하고 이에 따라 정확한 시간에 공급이 이루어져 작업이 진행된다. 이 시스템은 경영전략이 우선 수립되어야 하며 자동화설비와 숙련된 작업자가 필요하다.

Fashion Products Management

원가관리

단위의 환산과 소요량

01
항장식과 항중식

실의 굵기를 나타내는 방법으로는 항장식(恒長式)과 항중식(恒重式)이 있다. 항장식은 일정 기준의 길이에 따른 단위 중량을 말하며, 항중식은 일정 기준의 중량에 따른 단위 길이를 말한다.

항장식을 사용하는 섬유는 실크나 인조섬유로서 필라멘트(Filament)로 되어 있으며, 기준 길이 9,000m에 1g의 무게를 가지고 있으면 1데니어(denier)라고 하고 약호로는 d를 사용한다. 9,000m/100g이면 100d가 된다. 따라서 실이 굵어질수록 데니어가 높아진다.

항중식은 면, 모, 마 등의 스테이플(Staple) 섬유에 사용되며 섬유의 종류에 따라 기준 중량이 달라진다. 면(綿)번수는 1파운드(Pound ; 453g)에 840yds(768m)를 1번수 또는 1수(1s)라 하고, 마(麻)번수는 1파운드에 1타래(300yds)일 때에 1리번수(lea count)라고 한다.

모(毛)번수는 소모사, 방모사에 따라 다르고, 방모사의 경우는 영국식과 미국식으로 또 다시 나누어진다. 소모사는 1파운드에 1타래(560yds)가 1수(1s)가 되고, 영국식 방모사 번수 계산은 1파운드에 1타래(256yds)가 1수이고 미국식 방모사 번수 계산은 1파운드에 1타래(1,600yds)가 1수가 된다. 번수는 데니어와 반대로 실이 가늘수록 번수가 높아진다.

02 단위의 환산

섬유의 길이와 중량을 나타내는 단위가 혼재되어 사용되고 있기 때문에 원가 계산 시에는 단위를 통일하기 위해 환산이 필요하다.

예를 들면, 면번수를 데니어로 환산할 때는 5,315라 하고 상수를 사용하며, 이것을 면번수로 나누면 데니어가 된다.

패션에서 가장 많이 사용하는 단위의 변환은 아래와 같다.

❶ 길이의 단위

1yd＝91.44cm＝0.9144m=36inch=3feet

1inch=2.54cm

1feet=12inch=30.48cm

❷ 질량의 단위

1lb＝1pound=16ounce=16oz=453.592g

1oz=28.35g

| 번수의 종류와 정의 |

번수의 종류	1번수의 정의	비고
면면수	1pound(453.5g)의 실이 1타래(840yds)일 때	1Nec (영국식 면번수)
마번수	1pound(453.5g)의 실이 1타래(300yds)일 때	1lea count (영국식 리번수)
소모번수	1pound(453.5g)의 실이 1타래(560yds)일 때	
방모번수	1pound(453.5g)의 실이 1타래(256yds)일 때 1pound(453.5g)의 실이 1타래(1,600yds)일 때	영국식 미국식
미터번수	1kg의 실이 1km일 때 또는 1g의 실이 1m일 때	모든 섬유

03
순소요량(NET)

패션제품을 생산하기 위해서는 제품사양에 따라 원·부자재가 조달되어야 한다. 이때 제품을 완성하는 데 사용된 원·부자재의 순수한 소요량을 순소요량(NET)이라 한다.

따라서 순소요량(NET)은 불량제품의 발생율이나, 부분품의 손실에 의한 로스(Loss)를 포함하고 있지 않다. 제품의 원가는 각각의 원·부자재의 정확한 요척을 순소요량에 따라 파악하는 것으로부터 출발한다.

우선 소요되는 원·부자재의 정확한 사양의 지정이 필요하다. 혼용율, 재질, 조직의 형태, 폭, 두께, 밀도, 중량, 번수, 크기 등이 중요한 변수로 빠짐없이 정확히 지정되어야 한다. 그리고 이에 따라 순수한 소요량이 요척을 통해 산출된다. 때때로 요척은 원·부자재가 같은 재질이라도 제품의 폭과 사이즈에 따라 다르게 산출될 수도 있다. 또한 부품은 폭과 사이즈에 따라 단가가 다르기 때문에 원가계산을 할 때는 정확한 사양의 지정이 중요하다.

04
총소요량 (GROSS)

실제 제품을 생산하는 과정에서는 원단 재단 시 발생되는 여유분량이 필요하고, 허용 가능한 한도 내의 원·부자재의 결함(Defect)으로 인해 불량제품이 발생하였을 때 발주된 수량에 맞춰 생산하기 위해서는 원·부자재가 순소요량(NET)과와 추가적인 여유분(Allowance)이 필요하다.

또한 원·부자재의 일부가 수급부족이 발생했을 경우 소량을 다시 수급해야 할 때에는 비용이 많이 발생하거나, 제품을 발주물량에 맞춰 생산해 내지 못하는 물량부족(Shortage) 현상이 발생할 수 있다. 따라서 항상 여유분의 원·부자재를 공급하게 되는데 이러한 것들을 손실(Loss)이라 한다. 총 소요량(GROSS)은 순소요량(NET)에 손실(Loss)을 포함하고 있는 상태를 말한다.

원가 계산 시 손실율의 계산은 민감한 사안이다. 국가나, 기업의 성향에 따라 적용 범위는 천차만별하게 다르다. 따라서 실제 현업에서 원가견적서 작성 시 요척에 손실이 포함되어 있는 상태로 작성하는 경우도 있고, 순소요량을 산출해내고 각각의 부분품에 따라서 손실율을 적용하여 작성하기도 한다.

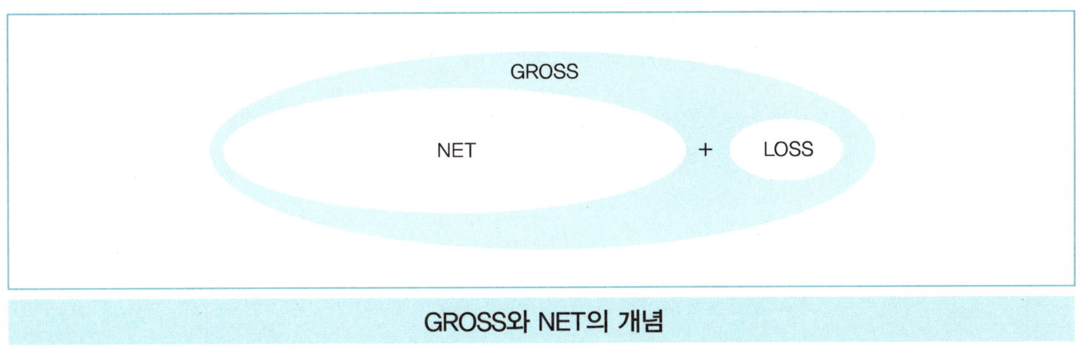

GROSS와 NET의 개념

원·부자재의 구매

01 구매의 목적

> **POINT**
>
> 제품생산에 필요한 원·부자재를 최대한 유리한 가격으로, 필요한 시기에 적당한 공급자로부터 구입하는 것을 구매관리(Purchasing management)라 한다.

과거 구매는 단순한 사용 요구에 따른 필요량을 적정한 가격과 시기에 구입하는 것으로만 이해되었다. 그러나 오늘날에는 이익의 원천으로 효과적인 수행을 위해 경영 전반에 걸친 창조적인 활동으로 여겨지고 있다.

❶ 용도에 따라 가장 적합한 것을 찾아내는 가치분석이나 시장조사, 품질기준 관리

❷ 생산일정에 맞춰 적정한 시기에 구입하는 납기관리

❸ 일정한 재고 유지로 생산중단이 되지 않도록 하면서 최소 한도를 지키는 적정재고관리

❹ 우량업체로부터 자재를 구입하기 위한 납품업체의 선정과 외주관리

❺ 적절한 수송수단의 사용으로 납기를 맞추며 비용을 절감하는 수송관리

❻ 최저의 비용으로 구입하는 구매기법

❼ 사용하고 남은 잔재(殘材)를 유효 적절하게 활용하는 잔재관리

❽ 구매기능의 능률화를 위한 구매조직의 합리화

02 구매관리기법

구매 기법이 과학화되면서 여러 가지 기법으로 개발되어 실무에 도입되고 있다. 구매조사법, 가치분석법, 표준화 및 단순화법, ABC분석, 경제적 주문량 등이 최근에 가장 많이 사용되는 구매관리기법이라 할 수 있다.

❶ 구매조사법

어떤 상품의 용도를 분석하고, 보다 효율적인 이용법을 알아보는 동시에 가장 가장 싼 값으로 필요한 양과 알맞은 질의 상품을 가장 경제적으로 살 수 있는 방법을 알아내는 기법이다.

❷ 가치분석법

구매관리에 IE(Industrial Engineering)적 수법을 도입한 것으로 어떤 상품이나 용역을 그 용도와 관련한 가치를 분석하고, 요구되는 최소의 질을 보장하면서 좀 더 싼 값의 디자인이나 부품, 또는 재료를 조직적으로 대체해 나가는 구매원가 절감하는 기법이다. 밸류 엔지니어링(Value engineering) 또는 가치공학이라고도 한다.

❸ 표준화 및 단순화법

표준화는 생산활동을 하는 데 있어서 재료나 부품을 정상이 되는 기준을 정하여 구입하고, 이에 맞는 기준이 되는 작업 방법을 사용하도록 하여 구매원가를 절감하는 기법이다. 이와 같이 재료나 부속품 그리고 그 작업방법을 표준화함으로써 대량구매의 이점을 얻을 수 있고, 또 작업과정에서 노무자들이 빨리 그 작업에 익숙해지면서 노동능률이 향상되어 원가절감이 가능해진다.

단순화는 구입해야 할 원료나 소모품 등의 품목이나 종류를 될 수 있는 한 줄이고 또 창고에 보관할 재고품의 종류를 적게 하여 원가를 절감하는 구매원가 절감방법의 하나이다. 이와 같이 재료의 크기나 모양 및 그 질의 종류를 줄여 단순화가 이루어진다면, 재고관리나 장부정리상 이점은 물론 작업과정에서도 많은 인건비를 절약할 수 있다. 나아가 단일품목의 대량구입이 가능하기 때문에 할인의 혜택 등 여러 원가절감이 가능해진다.

❹ ABC 분석

모든 업무에 균등한 노력을 기울이기보다는 중요한 업무에 더 많은 노력을 기울여 효율적인 결과를 기대하는 관리방식이다.

모든 부품 및 재료를 A, B, C 3집단으로 분류하여 코스트(Cost)가 크고 수량이 적은 A품목, 반대로 코스트가 낮고 수량이 많은 것은 C품목, 그 중간을 B품목으로 정한다. A품목에 대해서는 각별한 주의를 기울여 중점적으로 재고관리를 하고, B품목에 대해서는 적당히 하는 대신 C품목(혹은 그 이하)에 대해서는 최저로 주의를 기울이는 재고관리 방법이다.

이러한 '가치의 크기에 대응한 노력의 투입'의 원리에 근거한 관리방식은 총체적 구매원가의 절감을 효율적으로 실행할 수 있다.

❺ 경제적 주문량

원·부자재를 구입할 때에 구입 물량의 크기는 구매에 따르는 비용이나 구입 가격의 에누리나 할인(Discount)을 얻기 위해, 가능하다면 1회 대량으로 구매하는 것이 유리하며, 재고 유지비용을 감소하기 위해서는 소량주문이 유리하다. 이와 같이 양자의 비용을 합계하여 최소가 되는 주문량이 가장 유리한 구매량인데, 이를 경제적 주문량이라 한다.

03
구매의 흐름

원·부자재의 구입은 원, 부자재의 자체 평가회를 거치거나 완성품의 품평회 또는 수주회를 거쳐 품질과 수량 등이 결정된다. 이에 따라 기획부서에서는 '사용계획서'를 작성하는 데 품질의 기준이 되는 혼용율, 재질, 조직의 형태, 폭, 두께, 밀도, 중량, 번수, 크기 등의 사양(Spec)을 확정하고, 필요색상, 필요량에 대해 기재하여 구매부서로 이관한다.

구매부서는 '가치분석'을 통해 주문 생산할지 또는 대체품을 사용할지를 결정하고, '시장조사'를 통해 업체를 선정하여 수량, 납품기한, 인도조건, 대금 지급 방법을 확정하여 '발주서'를 발급한다.

이후 구매 부서에서는 물품의 입고 전까지의 진행 상황에 항상 주의를 기울여야 한다. 원·부자재는 입고 전 외주 협력업체에서 실제 입고 제품의 일부분을 샘플로 제시하는 '입고 컨펌 의견서'를 구매부서와 기획부서에서 확인받아야 한다.

이에 입고 결정이 나면 '시험성적 결과서'를 첨부하여 자재 창고에 가입고되며 자재창고에서 검사를 통해 불량 여부를 판단하여 실입고를 잡는다. 이후 생산계획에 따라 사용하게 된다.

┃ 구매업무의 흐름 ┃

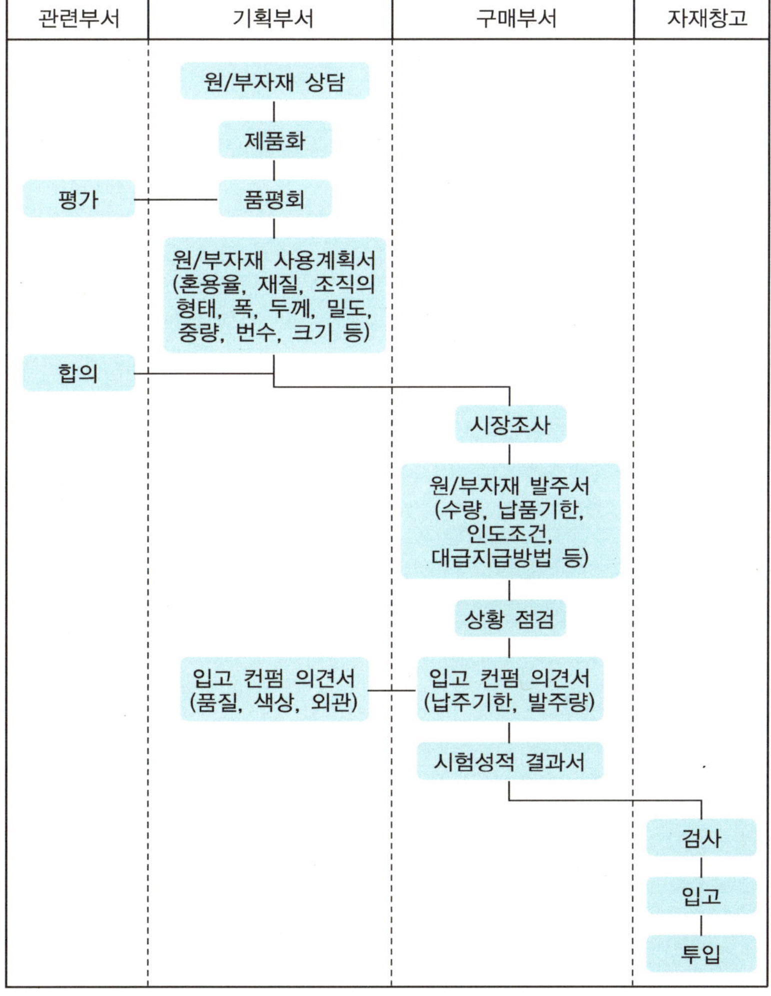

| 원자재 발주서 견본 |

원 자 재 발 주 서

(브랜드   )
(시   즌   )

1. 발주품목

발주번호			
품명			
폭		중량	
밀도		번수	
혼용율			
확정거래선		연락처	
확정단가		총 발주량	
납품기한	20 년 월 일		
인도조건			
대금지급	검수 후		
특기사항			

2. 납품 시 유의사항

① 납품 시 발주서, 거래명세표를 첨부하여 검수 담당자에게 제출하여 주십시오.
② 납입품은 견본과 일치하여야 하며 발주번호와 수량을 정확히 기재하여 납품 바랍니다.
③ 납입품은 사전 Confirm을 통해야만 납품 가능합니다.
④ 납입품이 발주내용과 상이하거나 변질, 변색, 기타 불량사항이 발생하였을 경우 취소 또는 반품 처리할 수 있습니다.
⑤ 사후에 발견 가능한 불량에 의한 당사에 손해 발생 시 상당한 금액에 대한 배상을 청구할 수 있습니다.
⑥ 계약된 납기일에 입고가 지연될 경우 당사 규정에 의거한 지체보상금을 결제에서 공제합니다.

3. 세부내역

No.	색상견본	컬러명	발주량	단위	단가	금액	사용계획		비고
							Item	수량	
1									
2									
3									
4									
5									
6									

제품 원가분석

01 패션제품 제조원가

POINT

패션제품을 제조하는 데 소비되는 자재와 인건비, 그리고 경비 등의 합계
금액을 제조원가(Manufacturing costs)라 한다.

제조원가의 계산은 원칙적으로 '요소별 원가계산 → 부문별 원가계산 → 제
품별 원가계산'의 순서에 따라 행한다. 원가계산의 핵심은 제조원가의 계산
이고, 제조원가는 가격조절의 중요한 대상이 된다.

패션제품의 경우, 제품의 원가를 계산할 때 원자재, 부자재, 임가공, 부대비
용의 부문별로 나누고 각 부문별 세부요소에 대한 규격, 요척, 단가를 산출
해 낸다. 이 부문별의 합계가 제조원가(Manufacturing cost)가 된다.

제조원가 계산표는 제조업체가 물품을 생산하기 위해서 발생하는 직접비와
간접비 등을 구분하여 작성하는 장부이다. 계약담당자는 원가계산방법으로
예정가격을 작성함에 있어서는 계약수량, 이행의 전망, 이행기간, 수급상황,
계약조건 기타 제반 여건을 참작하여야 한다.

02 패션제품 세부견적서 작성법

견적서란 어떤 일을 하는 데 필요한 비용 등을 계산하여 이를 구체적으로 기술한 문서로 외주 협력사가 작성하여 발주처에 제공한다.

패션제품 세부견적서는 공급 가능한 제품의 내역을 기재하고 소요되는 원단과 부자재, 인건비 그리고 제반 비용 등을 적산(積算) 형태로 기술한 문서이다.

견적서 작성 시 우선 공급자의 정보와 생산지역과 생산방식과 기준수량, 기준 환율 등을 상세히 기재하여 세부내역의 기준점을 명확히 한다.

세부내역으로는 원자재, 부자재, 임가공의 부분내역으로 나누고 각 부분별로 소요되는 세부자재를 빠짐없이 나열한다.

각각의 세부자재들은 기준이 되는 규격, 즉 폭 · 크기 · 합사 · 방법 등이 기재되어야 하고 이에 따르는 요척을 산출하여 단위당 단가를 곱하여 금액을 산출한다.

요척은 손실(Loss)이 포함되어 있는 상태로 작성하는 경우도 있고, 순소요량(Net)을 산출해내고 각각의 부분품에 따라서 손실(Loss)율을 적용하여 작성하기도 한다. 이는 앞에서 설명한 바와 같이 국가나, 기업의 성향에 따라 적용 범위는 천차만별이다. 따라서 실제 현업에서는 원가견적서 작성 시 발주처의 성향 파악이 우선시된다.

원자재, 부자재, 임가공의 소계를 적산한 것이 순제조원가가 되며, 여기에 제반 비용, 즉 관세 · 통관비 · 운송비 · 마진(Margin)을 합한 것이 납품가가 된다.

납품가는 부가가치세를 포함하는지 안 하는지를 항상 명확히 하여야 한다. 부가가치세를 포함하지 않는다면 각 부분별 세부항목의 단가 역시 부가가치세를 포함하지 않아야 한다.

납품가는 외주 협력업체가 제시하는 가격으로 확정된 가격은 아니다. 최종적인 가격은 쌍방의 협의로 에누리와 관용(Tolerance)에 의해 결정된다.

| 패션제품 세부견적서 예제 |

견 적 서

수신처

생산지역	국내/해외	생산방식	완사입/CMT/임가공	작성일	20 년 월 일
업체명		Style – No.		수량	
품명		견적중심사이즈	호	기준환율	₩ /US$
생산공장		자재내역	국내/해외	납기	20 년 월 일

세부내역

구분	자 재 내 역	견 적 내 역				검 토 내 역			
		규격	요척	단가	금액	규격	요척	단가	금액
원자재	주 원단 1								
	주 원단 2								
	소계								
부자재	배색감								
	심지								
	패딩								
	지퍼								
	단추								
	봉사								
	메인 라벨								
	케어 라벨								
	포장자재								
	소계								
임가공	봉제								
	Washing								
	자수프린트								
	소계								
순제조원가 합계									
관세 및 통관 운송비									
Margin(%)									
납품가(VAT 별도)									
합의가(VAT 별도)									

상기와 같이 견적합니다.

업체명 (인)

F

Fashion Products Management

패션제품 품질기준

품질 표시방법

01
취급주의 표시
(Care label)

패션제품은 품질경영 및 공산품안전관리법 제8조에 의거, 섬유제품분야의 상품별 품질표시사항과 세부표시기준 및 방법에 의하여 취급주의 표시(Care label)를 제작해 부착하여야 한다. 취급주의 표시방법은 아래와 같다.

❶ 세부표시기준 및 방법

- 섬유의 조성 또는 혼용율 표시는 조성섬유의 명칭을 표시하는 문자에 섬유의 조성 또는 혼용율을 백분율로 나타내는 수치를 병기한다. 다만, 조성이 다른 2종류 이상의 실로 된 원단, 그 원단 또는 조성이 다른 2종류 이상의 원단을 사용하여 제조하거나 가공한 섬유상품에 대하여는 다른 실 또는 원단의 매사용 부분을 분리하여 그 사용부분을 알기 쉽도록 표시하고 각 사용 부분별 섬유의 조성 또는 혼용율을 병기하여 표시할 수 있다.

- 원단의 생산업자 또는 가공업자는 섬유의 조성 또는 혼용율을 직물의 양변이나 직물의 필 단위 끝부분 또는 말대에 제직, 날염, 금은박, 프린트나 떨어지지 않는 여러 방법으로 표시하여야 한다. 다만, 모직물 및 모혼방 직물은 직물의 양변 2m(또는 2m 이내)마다 제조(가공)자명(또는 수입자명) 및 섬유의 조성 또는 혼용율을 표시하여야 한다.

- 섬유제품에 있어서 치수표시는 호칭을 표시할 경우에는 치수 표시 명세에 의한 기본신체치수를 cm 단위 없이 ' - '로 연결하거나 가슴둘레만을 호칭으로 사용한다.

- 실의 길이 표시는 1,000m 미만은 50m의 정수배로, 1,000m 이상은 500m의 정수배로 하며, 4,000m 이상은 1,000m 단위의 정수배로 하여 m로 표시하여야 한다.

- 발수가공 여부의 표시는 코트류는 발수도 70 이상, 운동복, 자켓 및 잠바는 50 이상일 경우 '발수가공됨'이라 표시할 수 있다.

- 원단 중 커텐 전용 원단에 대하여는 방염가공 여부를 표시할 수 있다.

- 취급상 주의사항의 표시는 그 제품에 적합한 내용을 [별표 1]에 따라 3종류 이상 표시하여야 하며, 그 표시 시험방법은 KSK 0021에 따른다. 다만, 수의류, 손수건, 타월, 모기장, 덮개류, 가방 등은 취급상 주의표시를 생략할 수 있다. 또한 취급상 주의표시로 정보전달을 하지 못하는 경우에는 취급상 주의표시 외에 간단한 문장 등으로 부기할 수 있다.

- 불꽃 접근 시 제품에 옮겨 붙을 가능성이 있어 주의를 요하는 제품에 대해서는 [별표 2]와 같이 '불꽃주의' 기호를 추가할 수 있다.

❷ 제조자 등 명칭부기

제조자 등 명칭부기는 제조자명, 제조자의 주소 또는 전화번호(지역번호 포함)를 표시하여야 한다. 다만, 수입품의 경우는 제조국명, 제조연월, 수입자명, 수입자의 주소 또는 전화번호(지역번호 포함)를 표시하여야 하며, 보조의 방법으로 판매자명과 주소 또는 전화번호(지역번호 포함)를 표시할 수 있다.

❸ 오차의 허용범위

섬유의 조성 또는 혼용율을 표시하는 경우의 오차의 허용범위는 [별표 3], 실의 번수 또는 데니어를 표시하는 경우의 오차의 허용범위는 [별표 4], 원단의 폭을 표시하는 경우의 오차의 허용범위는 [별표 5], 다운 제품(의류)의 충전재 함량을 표시하는 경우 오차의 허용범위는 KSK 2620(충전재용 우모)에 따른다. 실, 원단, 솜의 중량 또는 길이를 표시하는 경우의 오차의 허용범위는 −2%로 한다.

❹ 표시방법

섬유제품의 품질표시는 제품의 사용에 불편을 주거나 미관을 심히 해하지 않는 한 소비자가 쉽게 식별할 수 있는 위치에 선명한 문자를 사용하여 낱개에 제품으로부터 떨어지거나 지워지지 않도록 품질표시를 하여 부착하여야 한다(종이상표, 꼬리표, 스티카는 제외). 다만, 실, 원단, 솜, 파운데이션류, 런닝셔츠, 팬티류, 양말류, 장갑류, 수영복, 체조복, 스카프, 머플러, 손수건, 가발류는 종이상표, 꼬리표, 스티카를 사용하여 최종 소비자에게 제품이 판매될 때까지 떨어지거나 지워지지 않도록 표시해야 한다. 동일품명으로 2개 이상(상·하의 경우는 제외)의 개수로 모아서 포장된 상태로 판매할 경우는 최소 판매 포장 단위 표면에 품질표시를 할 수도 있다.

품질경영 및 공산품안전
관리법에 의한 품질표시

섬유의 혼용율
폴리에스터 100%

품번 : E1UM-TS1

호 칭	가슴둘레	95cm
95	신장	155-165

취급주의사항

화기에 가까이 할 경우 불길이 옮겨 붙
을 가능성이 있으므로 주의하십시오.

세탁시 취급주의 사항

1. 땀을 많이 흘렸을 경우 즉시 세탁하십시오.
2. 표백제 및 강력 효소 세제는 절대 사용하지
   마십시오.
3. 30℃ 이하의 미지근한 물이나 찬물에 중성
   세제로 세탁하십시오.
4. 흰옷과 유색옷은 구분하여 세탁하십시오.
5. 물에 오래 담가두거나 세탁후 그대로 놓아
   두면 탈색이나 오염이 될수 있으니 곧 탈수
   하여 주십시오.
6. 옷걸이에 걸어 그늘에서 건조시켜 주십시오.
7. 심한 마찰로 인하여 보풀이 생기는 경우가
   있으므로 주의하십시오.
8. 손빨래 하십시오.

수 입 원 ; ABC 코퍼레이션
판 매 원 ; 에이앤컴퍼니
제 조 년월 ;   2011. 4.
제 조 원 ; ABC 코퍼레이션

서울시 강남구 청담동 00-00

A& company 에이앤 컴퍼니

소비자상담실 ; 070-0000-1234

MADE IN INDONESIA

[별표 1] 취급상 주의표시

❶ 물세탁 방법

번 호	기 호	기호의 뜻
101	95℃	• 물의 온도 95℃를 표준으로 하여 세탁할 수 있다. • 삶을 수 있다. • 세탁기로 세탁할 수 있다.(손세탁 가능) • 세제 종류에 제한 받지 않는다.
102	60℃	• 물의 온도 60℃를 표준으로 하여 세탁기로 세탁할 수 있다. (손세탁 가능) • 세제 종류에 제한받지 않는다.
103	40℃	• 물의 온도 40℃를 표준으로 하여 세탁기로 세탁할 수 있다. (손세탁 가능) • 세제 종류에 제한 받지 않는다.
104	약 40℃	• 물의 온도 40℃를 표준으로 하여 세탁기로 약하게 세탁 또는 약한 손세탁(1)도 할 수 있다. • 세제 종류에 제한 받지 않는다.
105	약 30℃ 중성	• 물의 온도 30℃를 표준으로 하여 세탁기로 약하게 세탁 또는 약한 손세탁(1)도 할 수 있다. • 세제 종류는 중성 세제를 사용한다.
106	손세탁 30℃ 중성	• 물의 온도 30℃를 표준으로 하여 약하게 손세탁[1]할 수 있다. (세탁기 사용 불가) • 세제 종류는 중성세제를 사용한다.
107		• 물세탁은 안 된다.

주 1 : 약한 손세탁은 흔들어 빨기, 눌러 빨기 및 주물러 빨기가 있다.

※ 물세탁 방법은 기호 중 온도기호 '℃'는 생략할 수 있다.

❷ 산소 또는 염소표백의 가부

번 호	기 호	기호의 뜻
201	염소 표백	염소계 표백제로 표백할 수 있다.
202	염소 표백	염소계 표백제로 표백할 수 없다.
203	산소 표백	산소계 표백제로 표백할 수 있다.
204	산소 표백	산소계 표백제로 표백할 수 없다.
205	염소, 산소 표백	염소, 산소계 표백제로 표백할 수 있다.
206	염소, 산소 표백	염소, 산소계 표백제로 표백할 수 없다.

❸ 다림질 방법

번 호	기 호	기호의 뜻
301	8 180~210℃	다리미의 온도 180~210℃로 다림질을 할 수 있다.
302	8 180~210℃	헝겊을 덮고 온도 180~210℃로 다림질을 할 수 있다.
303	2 140~160℃	다리미의 온도 140~160℃로 다림질을 할 수 있다.
304	2 140~180℃	헝겊을 덮고 온도 140~160℃로 다림질을 할 수 있다.

번 호	기 호	기호의 뜻
305	1 80~120℃	다리미의 온도 80~120℃로 다림질을 할 수 있다.
306	1 80~120℃	헝겊을 덮고 온도 80~120℃로 다림질을 할 수 있다.
307		다림질을 할 수 없다.

※ 다림질 방법 기호 중 온도기호 '℃'는 생략할 수 있다.

❹ 드라이클리닝

번 호	기 호	기호의 뜻
401	드라이	• 드라이클리닝 할 수 있다. • 용제의 종류는 퍼클로로에틸렌 또는 석유계를 사용한다.
402	드라이 석유계	• 드라이클리닝 할 수 있다. • 용제의 종류는 석유계에 한한다.
403	드라이	• 드라이클리닝 할 수 없다.
404	드라이	• 드라이클리닝은 할 수 있으나 셀프서비스는 할 수 없고, 전문점[1]에서만 할 수 있다.

주 1 : 전문점이란 가죽, 모피 제품을 취급하는 업소를 말한다.

❺ 짜는 방법

번 호	기 호	기호의 뜻
501	약하게	손으로 짜는 경우에는 약하게 짜고, 원심 탈수기인 경우는 단시간에 짠다.
502		짜면 안 된다.

❻ 건조방법

번 호	기 호	기호의 뜻
601	옷걸이	옷걸이에 걸어서 햇빛에서 건조시킬 것
602	옷걸이	옷걸이에 걸어서 그늘에서 건조시킬 것
603	뉘어서	햇빛에 뉘어서 건조시킬 것
604	뉘어서	그늘에 뉘어서 건조시킬 것
605		세탁 후 건조할 때 기계건조를 할 수 있음
606		세탁 후 건조할 때 기계건조를 할 수 없음

[별표 2] 불꽃주의 표시기호

기 호	기호의 뜻
불꽃주위	불꽃 접근 시 불길이 옮겨 붙을 가능성이 있음

[별표 3] 혼용율 오차 허용범위

1. 섬유의 조성이 100%인 뜻을 표시하는 경우 모에 있어서는 −3%, 모 이외의 섬유에 있어서는 −1%, 다만, 방모방식 실 및 이를 사용하여 제조하거나 가공한 섬유제품에 섬유의 조성이 100%인 뜻을 표시하는 경우에 방모방식 실이라는 것 또는 방모방식 실을 사용한 뜻을 부기한 때와 모섬유의 조성이 100%인 뜻을 모포에 표시하는 경우에는 −5%
2. 혼용율을 나타내는 수치에 '이상'이라 부기하여 표시하는 경우에는 −0%, '미만'이라 부기하는 경우에는 +0%
3. 혼용율을 나타내는 수치가 5의 정수배(100을 제외한다)인 경우에는 ±5
4. 섬유제품분야 상품별 품질표시기준 및 방법 제6조 제3항 및 제4항의 규정에 의하여 조성섬유의 혼용순서를 열기한 경우에 그 열기순서가 2% 이내의 혼용율의 차이로 잘못된 것은 이를 실제의 혼용순서와 일치하는 것으로 본다.
5. 1호 내지 4호에 적힌 경우 이외의 경우에는 ±4
6. 혼용율 표시는 소수점 첫째 자리에서 반올림하여 정수로 표기한다.

[별표 4] 실의 번수 또는 데니어를 표시하는 경우의 오차의 허용범위

실의 구분	허용범위
면사	±3% 다만, 콘덴사 면사는 ±4%
스프사 면방식 합성섬유방적사	±3%
마사	±15%
소모사	직사±4.5% 편사±5.5%
방모사	직사±9.5% 편사±7.0%
소모방식 합성섬유방적사	±6%
생사	28데니어 이하 ±3% 28데니어 초과 ~100데니어 이하 ±5% 100데니어 초과 ±10%
견방사	±9.5%
인견 및 합성섬유 필라멘트사	40데니어 미만 ±4.0% 40데니어 이상 ±6.0%
합성섬유 가연사	+9%, −6%

[별표 5] 원단의 폭 오차 허용범위

원단의 구분	허용범위
면직물(파일직물을 제외한다) 스프직물 면방식 합성섬유 방적사직물 마직물	+1.3cm −0.6cm
모직물 소모방식 합성섬유 방적사직물	±2.5cm
인견직물 합성섬유 필라멘트사직물 교직물 자수직물	+1.5cm −1.0cm
파일직물(테리직물을 포함한다)	±2.5cm
경편직물	+3.0cm −2.0cm
세폭직물	±0.5cm
기타 특수직물	±2.5cm

※ 원단의 폭 측정은 양변(Selvage)을 제외한다.

섬유 · 의류 시험검사법

01
치수변화율

❶ 용도

직물이나 편성물의 가공 시 줄어드는 정도를 알아보고, 원단이나 봉제품을 세탁이나 드라이클리닝하였을 때 줄거나 늘어나는 정도를 평가하기 위해 실시하는 실험법이다.

❷ 종류

항 목	용 도	시료크기	특 징
세탁치수변화율	세탁 시의 수축 정도를 평가	전폭 0.5m	
드라이클리닝치수변화율	드라이클리닝 시의 수축 정도를 평가	전폭 0.5m	상업용 드라이클리닝
스팀치수변화율	아이롱 시 열에 의한 수축 정도를 평가	전폭 0.5m	
열수축율	일정온도(제시)에서의 수축 정도를 평가	전폭 0.5m	
D.P 성	세탁처리 후의 주름 정도를 평가	전폭 0.5m	Replica 판정대
외관	각종 치수변화율 시험 시 원단이나 봉제품의 외관을 평가	전폭 0.5m	

02 염색견뢰도

❶ 용도

염색물의 염색 가공공정 또는 그 후에 사용 중에 미치는 화학적 · 물리적인 인자의 작용에 대한 염색물의 색의 저항성을 평가하기 위해 실시하는 실험법이다.

❷ 종류

항 목	용 도	시료크기	특 징
세탁견뢰도	세탁 시 색상의 오염이나 변퇴 정도를 평가	30×30cm	
드라이클리닝 견뢰도	드라이클리닝 시 색상의 오염이나 변퇴 정도를 평가	30×30cm	
물견뢰도	습식 상태에서 장기간 보관 시 색상의 오염이나 변퇴 정도를 평가	30×30cm	4시간 18시간(AATCC)
땀견뢰도	땀액에 노출 시 색상의 오염이나 변퇴 정도를 평가	30×30cm	4시간 6시간(AATCC)
해수견뢰도	수영복으로 이용되는 원단의 해수에 대한 색상의 오염이나 변퇴 정도를 평가	30×30cm	4시간 18시간(AATCC)
염소표백견뢰도	염소계표백제에 의한 색상의 변퇴 정도를 평가	30×30cm	
비염소표백 견뢰도	산소계 표백제에 의한 변퇴 정도를 평가	30×30cm	
아이론견뢰도	아이롱 시 색상의 변퇴 정도를 평가	30×30cm	
일광견뢰도	인공광에 노출 시 색상의 변퇴 정도를 평가	30×30cm	Xenon arc Carbon arc Sunshine carbon arc
연소가스견뢰도	연소된 가스에 노출 시 색상의 변퇴 정도를 평가	30×30cm	
오존견뢰도	오존가스에 노출 시 색상의 변퇴 정도를 평가	30×30cm	

항 목	용 도	시료크기	특 징
승화견뢰도	고온저장시 승화에 의한 오염정도를 평가	30×30cm	
황변(Phenolic Yellowing)	저장중 페놀성 물질에 의한 색상의 변퇴 정도를 평가	30×30cm	
염소처리수 견뢰도	염소가 처리된 수영장 등에 노출 시 색상의 변퇴 정도를 평가	30×30cm	20, 50, 100 (mg/l) : KS, ISO 10, 20, 50, 100 (mg/l) : JIS
유기용제 견뢰도	유기용제에 노출 시 색상의 변퇴 정도를 평가	30×30cm	
마찰견뢰도	건습 상태의 마찰에 의한 오염 정도를 평가	30×30cm	
산, 알칼리 적하 견뢰도	산, 알칼리용제의 적하에 의한 색상의 변퇴 정도를 평가	30×30cm	

03 섬유물리

❶ 용도

섬유제품의 기본 조직과 사양을 평가하고 물리적인 강도와 신도, 사용상의 내구성 평가에 필요한 마모강도, 필링, 신장회복율 등을 알아보기 위한 시험이다.

❷ 종류

항 목	용 도	시료크기	특 징
중량	단위면적 또는 단위 길이당 중량	전폭 0.5m	
밀도	단위 길이당 올 수	전폭 0.5m	
번수	실의 굵기	전폭 0.5m	
인장강도	원단의 각 방향별로 인장 시 파괴강도측정	전폭 0.5m	그래브법, 래블스트립법, 스트립법
인열강도	원단의 방향별 찢김 강도 측정	전폭 0.5m	펜듈럼법, 텅법

항 목	용 도	시료크기	특 징
파열강도	원단의 면부위 뚫림 강도 측정	전폭 0.5m	유압법, 공압법, 볼버스팅법
봉목활탈저항	봉재 시 견고성을 평가하기 위한 시험	전폭 0.5m	1. 정하중 봉목활탈거리 2. 봉목활탈 저항강도
필링	연속적인 사용 시 제품 표면의 필의 발생 정도를 평가하기 위한 시험	전폭 0.5m	필링등급
마모강도	연속적인 사용에서 오는 표면으로부터 마모되어 닳아버리는 정도를 평가하기 위한 시험	전폭 0.5m	〈평가방법〉 1. 지정횟수 마모 후 : 평가 2. 최대 마모횟수

※ 여러 가지 항목을 동시에 의뢰하는 경우 필요한 시료는 전폭 1.5m 정도이다.

04 혼용율

❶ 용도

섬유제품이나 원료 중에 혼용되어 있는 섬유의 감별이나 혼용율을 구하는 시험이며, 기계적 분리법, 용해법, 현미경법 3종류로 나눌 수 있다.

❷ 종류

항 목	용 도	시료크기
섬유감별	상업적으로 사용되는 섬유재료의 종류를 감별하기 위하여 현미경을 이용한 물리적 · 화학적 시험	전폭 0.5m
일반섬유의 혼용율	섬유제품의 혼용율을 알아내기 위한 기계적 분리법, 용해법, 비중법, 현미경법을 이용하는 시험	전폭 0.5m
마섬유의 혼용율	섬유제품 중에 혼용되어 있는 아마, 대마, 저마 그리고 면의 혼용율을 구하는 시험	전폭 0.5m
캐시미어의 혼용율	섬유제품 중에 혼용되어 있는 캐시미어, 앙고라 그리고 양모의 혼용율을 구하는 시험	전폭 0.5m
우모의 혼용율	오리털, 닭털, 거위털, 칠면조털 등 우모의 각종 시험	제품상태 : 1벌 우모상태 : 500g

05 기능성 시험

❶ 용도

직물에 대전방지, 투습방수, 흡한속건성 등의 특수한 가공공정을 거쳐 기능성을 부여하고 이러한 기능성을 평가하기 위하여 실시하는 시험이다.

❷ 종류

• 투습도 시험

내수도	• 물의 누수나 침수에 대한 직물의 저항성을 내수도라고 하며 우의 우산지, 천막지 등 • 코팅직물이나 방수 가공직물의 방수 정도를 평가 • 시료량 : 전폭 0.5m • 고수압법 • 저수압법(10,000mm H_2O, 20,000mm H_2O)
투습도	• 인체의 땀이나 습기가 원단을 통과하는 정도를 평가 • 시료량 : 30×30cm • 워터법, 염화칼슘법, 아세트산칼륨법
투습 저항도	• 인체의 땀이나 습기가 원단을 통과할 때 발생하는 저항값을 평가 • 시료량 : 전폭 0.5m

• 방우발수 시험

방우성	• 내수도 시험의 일종으로서 비가 내릴 때 원단을 통과한 물의 양이나 표면의 발수성을 평가 • 시료량 : 전폭 0.5m • WIRA Shower, 분데스만 시험, Rain test
발수도	• 발수 가공한 직물 표면에 물방울을 떨어뜨릴 때 물방울이 직물 표면에 부착 내지는 흡습하는 정도를 판정판을 이용하여 평가 • 시료량 : 전폭 0.5m

- **흡한속건 시험**

흡수도	• 섬유제품이 물을 얼마나 또는 어느 정도의 속도로 빨아들일 수 있는가를 평가 • 시료량 : 전폭 0.5m • 흡수속도 : 적하법, 침강법 등 • 흡수율 : 정적 흡수율, 동적 흡수율
건조 속도	• 인체의 쾌적성 확보를 위해서 흡수된 땀이나 물이 얼마나 빨리 건조하는지 평가 • 시료량 : 전폭 0.5m

- **방오발유 시험**

발유성	• 원단에 서로 다른 표면장력을 가지고 있는 기름 방울을 떨어뜨렸을 때 원단이 젖는 정도를 측정하는 것으로 원단의 기름에 대한 저항성을 평가 • 시료량 : 전폭 0.5m
방오성	• 원단이 기름에 의해 오염이 되었을 때 오염된 기름이 세탁에 의해 얼마나 잘 제거되는지를 평가 • 시료량 : 전폭 0.5m

- **대전방지가공 시험**

항 목	용 도	시료크기
마찰대전성	원단의 마찰에 의한 정전기 발생 정도를 평가	전폭 0.5m
반감기	발생된 정전기가 반감되는 시간을 평가	전폭 0.5m
표면저항율	제품 표면에 전류를 가할 때 생기는 전기 저항을 평가	30×30cm
체적저항율	제품의 표면에서 이면으로 전류를 가할 때 생기는 전기 저항을 평가	30×30cm

- **기타 시험**

보온성	• 제품의 보온력을 평가 • 시료량 : 전폭 1m
공기 투과도	• 원단을 통과하는 공기량의 정도를 평가 • 시료량 : 전폭 0.5m

시험성적서의 발급

01 시험 진행대상

패션제품이나 원단을 납품하거나 수출할 경우 시험성적서를 공인기관에 의뢰하여 발급 받아 같이 제출해야 한다. 또한 원단, 의류의 신제품 개발 시 특허출원을 위해 발급 받기도 하고, 특수한 기능이 있음을 입증하기 위해 성능시험을 하기도 한다. 성능시험으로는 방수성, 투습성, 대전성, 속건성, 방염성, 원적외선, 음이온, 자외선 차단 등이 있다.

02 시험 절차

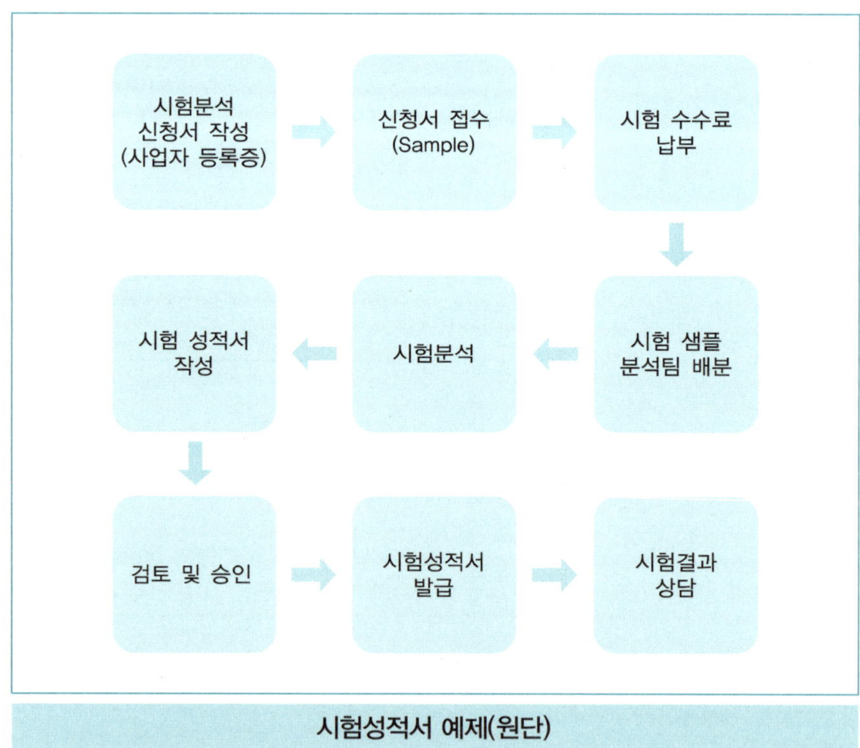

시험성적서 예제(원단)

한국의류시험연구원

http://www.katri.re.kr

시 험 성 적 서

신 청 자 : 인디웰상사
주　　소 : 서울 동대문구 장안동 391-1 1층
제 출 처 : 주식회사 현대홈쇼핑
시 료 명 : 편성물 9 점
　　　　- NAVY, GREY, PINK, ORNAGE, BLACK, PURPLE, WHITE, D/NAVY, L/GREEN)

KATRI NO : SE10-00011361
발급일자 : 2010. 04. 29
용　　도 : 품질관리용
PAGE(S) : 1 / 4

2010. 04. 23. 자로 신청하신 시료에 대한 시험결과는 아래와 같습니다.

시 험 항 목	시 험 결 과				
	시료1	시료2	시료3	시료4	시료5
혼용률 (%) : KS K 0210:2007					
폴리에스터	100	100	100	100	100
필 링 (급) : KS K 0503:2006 필링박스법					
	4-5	4-5	4-5	4-5	4-5
• 주) 회전수 : 14400회					
흡수속도 (mm-10분) : KS K 0815.6.27.1:2008 B법					
웨일방향(장)	131	153	123	149	139
코스방향(폭)	149	137	137	138	126
건조속도 (분) : KS K 0815.6.28.1:2008 A법					
	190	188	258	220	218
세탁견뢰도 (급) : KS K ISO 105-C01:2007 ((40 ± 2) ℃. 30분, 0.5 % ISO SOAP)					
변퇴색	4-5	4-5	4-5	4-5	4-5
오염(폴리에스터)	4-5	4-5	4-5	4-5	4-5
오염(모)	4-5	4-5	4-5	4-5	4-5

-계속-

한국의류시험연구원장

한국의류시험연구원

http://www.katri.re.kr

서울특별시 동대문구 용두동 232-22 본관 : 02-3668-3000 FAX : 02-3668-2901 강남 : 02-561-0845
구로 : 02-2630-8444 부산 : 051-920-2700 대구 : 053-580-1932 전주 : 063-214-2282 인천 : 031-491-1017

KATRI NO : SE10-00011361
PAGE(S) : 2 / 4

시 험 항 목	시 험 결 과				
	시료1	시료2	시료3	시료4	시료5
마찰견뢰도 (급) : KS K 0650:2006 크로크미터법					
건조	4-5	4-5	4-5	4-5	4-5
습윤	4-5	4-5	4-5	4-5	4
땀견뢰도 (급) : KS K ISO 105-E04:2005 ((37 ± 2) ℃,4시간)					
산성:변퇴색	4-5	4-5	4-5	4-5	4-5
오염(폴리에스터)	4-5	4-5	4-5	4-5	4
오염(모)	4-5	4-5	4-5	4-5	4
알칼리:변퇴색	4-5	4-5	4-5	4-5	4-5
오염(폴리에스터)	4-5	4-5	4-5	4-5	4
오염(모)	4-5	4-5	4-5	4-5	4
-계속-	시료1	시료2	시료3	시료4	시료5

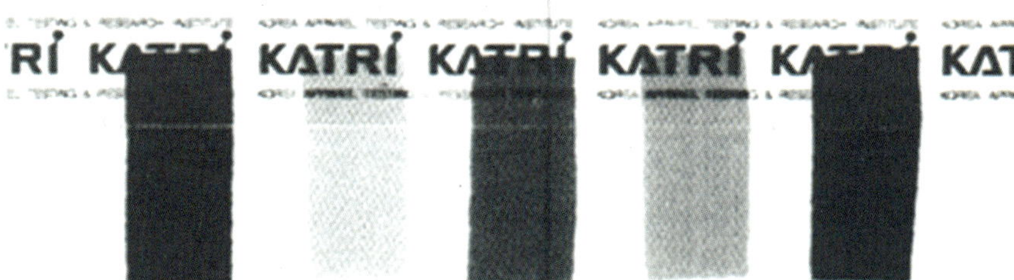

한국의류시험연구원

http://www.katri.re.kr

서울특별시 동대문구 용두동 232-22 본원 02-3668-3000 FAX 02-3668-2901 강남 02-561-0845
구로 02-2633-8444 부산 051-920-2700 대구 053-590-1932 광주 063-214-2082 안산 031-491-1017

시 험 성 적 서

신 청 자 : 인디몰상사
주　　소 : 서울 동대문구 장안동 391-1 1층
제 출 처 : 주식회사 현대홈쇼핑
시 료 명 : 편성물 4 점
　　　　　 - NAVY. L/GREEN. WHITE. PURPLE
　　　　 ✤ 제시한 제품명 : 중의류

KATRI NO : S010-00003402
발급일자 : 2010. 04. 29
용　　도 : 품질관리용
PAGE(S) :　1 / 3

2010. 04. 23. 자로 신청하신 시료에 대한 시험결과는 아래와 같습니다.

시 험 항 목	시 험 결 과			
	시료1	시료2	시료3	시료4
1. 종합 판정결과 :	적 합	적 합	적 합	적 합

• 주) 신청하신 시험항목에 대한 판정결과임.

2. 항목별 안전요건기준 및 판정결과 :

	시료1	시료2	시료3	시료4
pH• (4.0 ~ 8.0)	적 합	적 합	적 합	적 합
폼알데하이드• (≤75)	적 합	적 합	적 합	적 합
아릴아민• (각 ≤30)	적 합	적 합	적 합	적 합

• 주) 판정기준 : 품질경영 및 공산품 안전관리법 안전.품질표시 안전요건 기준
　 비　　고 : 신청자가 제시한 제품명의 안전요건기준을 적용 판정함.

- 계속 -

한국의류시험연구원장

한국의류시험연구원

http://www.katri.re.kr

KATRI NO : SO10-00003402
PAGE(S) : 3 / 3

시 험 항 목	시 험 결 과			
	시료1	시료2	시료3	시료4
아릴아민 (mg/kg) : 안전품질표시 부속서 1 - 5.3 / KS K 0734:2007				
24종 물질별 함량	-	-	-	< 5
(시료1+2+3)	-	-	< 5	-

- 24종물질(CAS번호)
  4-Aminobiphenyl(92-67-1) / Benzidine(92-87-5) / 4-Chloro-o-toluidine(95-69-2)
  2-Naphthylamine(91-59-8) / o-Aminoazotoluene(97-56-3) / 2-Amino-4-nitrotoluene(99-55-8)
  p-Chloroaniline(106-47-8)/ 2.4-Diaminoanisole(615-05-4)
  4.4'-Diaminobiphenylmethane(101-77-9) / 3.3'-Dichlorobenzidine(91-94-1)
  3.3'-Dimethoxybenzidine(119-90-4)   / 3.3'-Dimethylbenzidine(119-93-7)
  3.3'-dimethyl-4.4'-Diaminodiphenylmethane(838-88-0)
  o-Kresidine[2-Methoxy-5-Methylaniline](120-71-8)
  4.4'-Methylene-Bis-[2-chloroaniline](101-14-4) / 4.4'-Oxydianiline(101-80-4)
  4.4'-Thiodianiline(139-65-1) / o-Toluidine(95-53-4) / 2.4-Toluylendiamine(95-80-7)
  2.4.5-Trimethylaniline(137-17-7)   / o-Anisidine(90-04-0)
  4-Aminoazobenzene(60-09-3) / 2.4-Xylindine(95-68-1) / 2.6-Xylindine(87-62-7)
- 주) 1. 검출한계 : 5 mg/kg
     2. 시험기기 : 기체크로마토그래프-질량분석기(GC-MS)

시료1	시료2	시료3	시료4

| 시험성적서 예제(완제품) |

한국의류시험연구원

시 험 성 적 서

신 청 자 : 주식회사 사인에프엔지
주   소 : 서울 광진구 능동 256-3 나이스빌딩 401
제 출 처 : 주식회사 현대홈쇼핑
시 료 명 : 티셔츠 6 점
    S/# SOUM/W-TS1:WHITE,ORANGE,GREEN,D/NAVY,H/PINK,VIOLET

KATRI NO : SM10-00000173
발급일자 : 2010. 05. 25
용   도 : 품질관리용
PAGE(S) : 1 / 4

2010. 05. 18. 자로 신청하신 시료에 대한 시험결과는 아래와 같습니다.

시 험 항 목	시 험 결 과		
	시료1	시료2	시료3

내세탁성 : KS K ISO 5077:2007 준용. 손세탁(KS K 0021:2006. 4.106호).

• 옷걸이건조, 스파크표준사용량

1. 치수변화율 (%)

	시료1	시료2	시료3
전체길이	+0.3	+0.3	+0.4
가슴너비	-0.4	-0.4	-0.4
소매길이	+0.4	+0.4	+0.7

• (+)부호 : 신장, (-)부호 : 수축
• 주) 세탁전(cm) 시료1 : 전체 68.0. 가슴 53.5. 소매 22.0
               시료2 : 전체 68.4. 가슴 53.3. 소매 22.5
               시료3 : 전체 56.0. 가슴 43.5. 소매 15.0
               시료4 : 전체 56.8. 가슴 43.0. 소매 15.0
               시료5 : 전체 56.8. 가슴 43.3. 소매 15.0
               시료6 : 전체 60.3. 가슴 48.4. 소매 16.5

-계속-

한국의류시험연구원장

한국의류시험연구원

KATRI NO : SW10-00000173
PAGE(S) : 2 / 4

시 험 항 목	시 험 결 과		
	시료1	시료2	시료3
2. 외관평가			
변퇴색(급)	4-5	4-5	4-5
자체이염(급)	4-5	4-5	4-5
필링(급)	4-5	4-5	4-5
뒤틀림(%)	0.2	0.2	0.2
외관	이상없음	이상없음	이상없음

- 주) 1. 변퇴색 및 자체이염 판정 : KS K 0903:2006(변퇴색 및 오염용 표준회색색표)
  2. 필링 판정 : KS K ISO 12945-1:2009 준용
  3. 뒤틀림 측정 : KS K 0117:2006 준용
  4. 외관 : 코팅, 봉제, 프린트, 부자재의 해당 부위 판정

-계속-

	시료1	시료2	시료3

KATRI KATRI KATRI KATRI KATRI

| 시험성적서 예제(특수기능) |

서울특별시 동대문구 용두동 232-22
http://www.katri.re.kr, http://rel.katri.re.kr
TEL : 02-3668-3090, 3076 FAX : 02-3668-2908

시 험 성 적 서

- 신 청 자 : 에이앤컴퍼니

- 주   소 : 서울 마포구 동교동 197-8 ANT 빌딩 303

- 시 료 명 : 완제품 (왼 쪽- 일반소재: cotton

　　　　　　 오른쪽- 냉감소재: askin)

KATRI No.. : SR10-00000083

발급일자 : 2010. 06. 04

PAGE(S) : 1 / 5

2010. 06. 03. 자로 신청하신 시료에 대한 시험결과는 다음과 같습니다.

- 시험항목 : 완제품을 착용한 피시험자의 열화상 이미지 측정

- 시험방법 : 의뢰자 제시 (첨부 1. 참조)

- 시험결과 : 첨부 2. 참조

한국의류시험연구원장

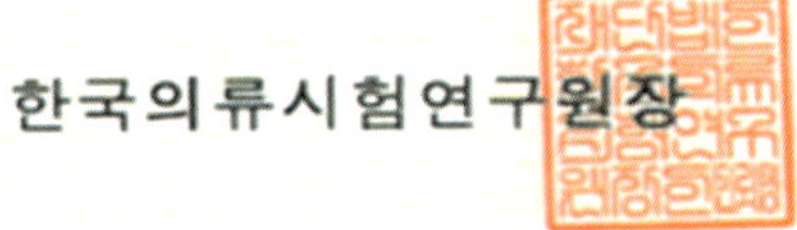

서울특별시 동대문구 용두동 232-22
http://www.katri.re.kr, http://rel.katri.re.kr
TEL : 02-3668-3090, 3076 FAX : 02-3668-2908

PAGE(S) : 2 / 5
KATRI No. : SR10-00000083

※ 첨 부 1

- 시험방법 : 의뢰자 제시

    일정한 환경 온도 아래에서 일반/냉감소재가 좌우 반씩으로 구성된 의복을 착용한 후 운동 시 체온변화에 대한 열화상 이미지를 측정

- 시험방법

    가. 환경재현 실험실 설정: 온도: 27 ± 2℃

                           상대습도: 50 ± 4 %

    나. 의복 착용

        피 시험자는 일반/냉감소재가 좌우로 대칭인 의복을 착용

    다. 안정화

        5분간 환경재현 실험실 내에 앉아서 안정화

    라. 운동

        20분간 실내운동용 자전거를 타며 운동

    마. 각 단계별 열화상 이미지를 촬영

- 평가장비

    환경재현 실험실 (ESPEC, EBR Walk),

    적외선 열화상카메라(NEC, TH9100)

    실내운동용 자전거(Nautilus, NB1000)

- 피 시험자 : 평상시와 유사한 신진대사를 가진 상태에서 진행

서울특별시 동대문구 용두동 232-22
http://www.katri.re.kr, http://rel.katri.re.kr
TEL : 02-3668-3090, 3076 FAX : 02-3668-2908

PAGE(S) : 3 / 5

KATRI No. : SR10-00000083

※ 첨부 2

완제품을 착용한 피시험자의 열화상 이미지 측정

가. 시험 순서

① 외복 착용
일반/냉감 소재가 좌우 대칭으로 이루어진 완제품 착용

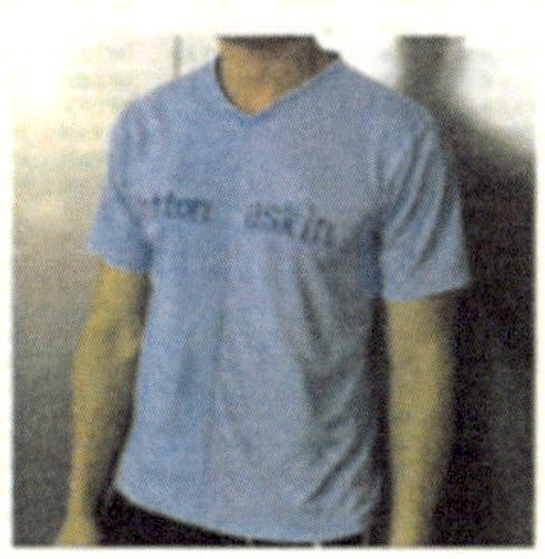

<그림 1> cotton(일반) / askin(냉감) 소재 완제품 착용

② 안정화
피 시험자는 환경재현 실험실(27 ± 2℃, 50 ± 4 %) 내부의 의자에 앉아 5분 동안 안정화

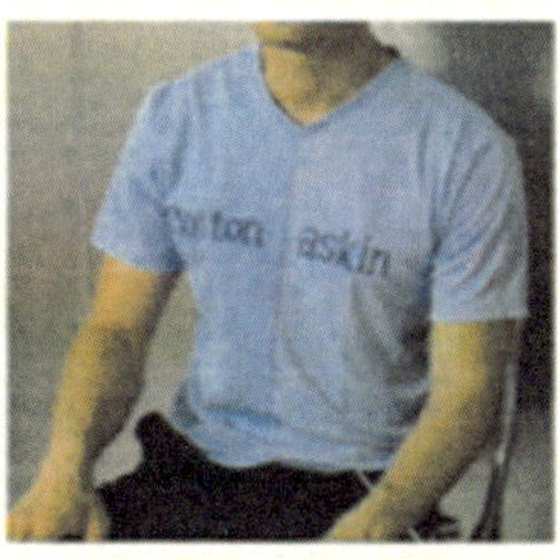

<그림 2> 환경 재현실험실에서 안정화

비고 1. 이 성적서는 신청자가 제시한 시료 및 시료명으로 시험한 결과로서 전체 제품에 대한 품질을 보증하지는 않습니다.
2. 이 성적서는 당 시험연구원의 사전 서면동의 없이 홍보, 선전, 광고 및 소송용으로 사용될 수 없으며, 용도 이외의 사용을 금합니다.

서울특별시 동대문구 용두동 232-22
http://www.katri.re.kr, http://rel.katri.re.kr
TEL : 02-3668-3090, 3076 FAX : 02-3668-2908

PAGE(S) : 4 / 5

KATRI No. : SR10-00000083

③ 자전거 운동기구를 이용한 운동 단계
  피 시험자는 Nautilus 사의 NB1000 모델의 자전거 운동기구를 타고 20분 동안 운동

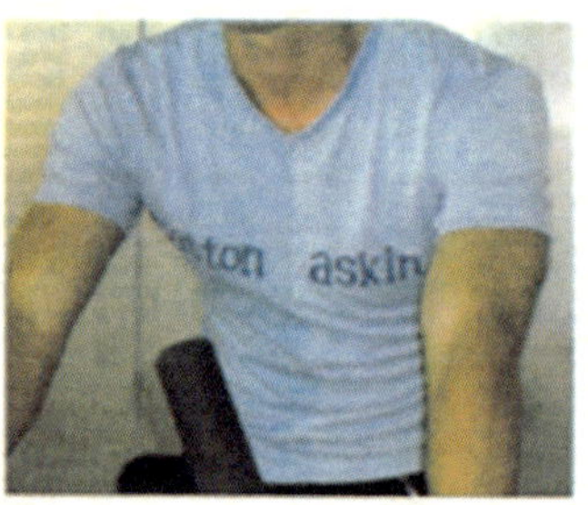

<그림 3> 운 동

KATRI
Korea apparel Testing & Research Institute
신뢰성 · 표준연구센터

PAGE(S) : 5 / 5
KATRI No. : SR10-00000083

나. 시험 결과

열화상 이미지

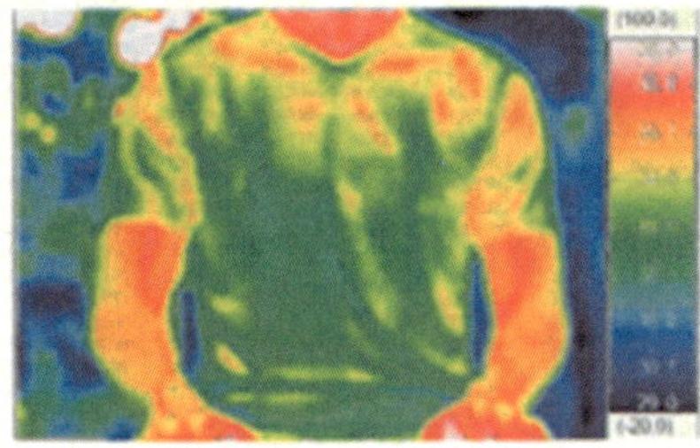

안정화 시작

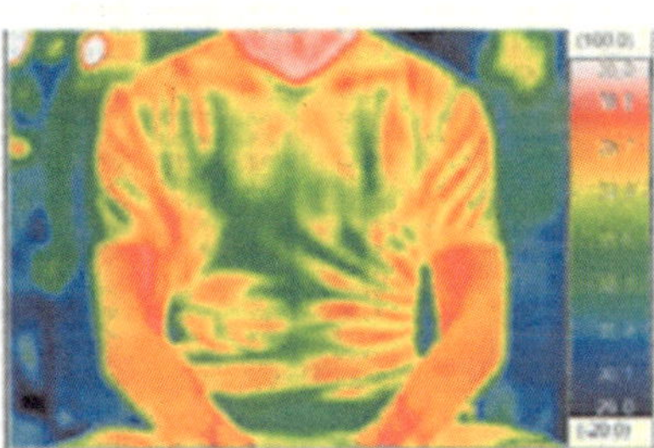

안정화 후 5분 경과

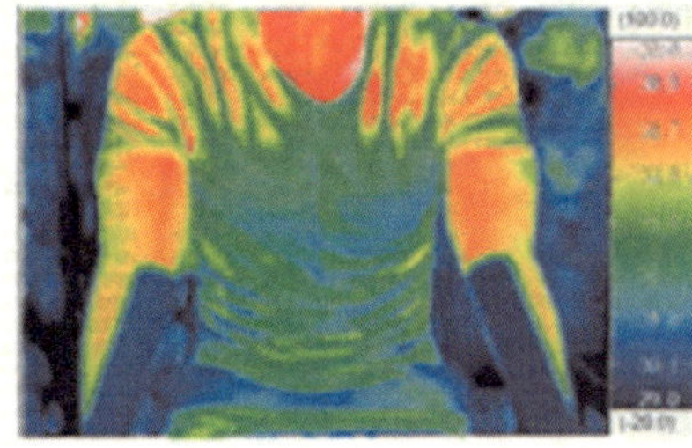

자전거 운동 시작

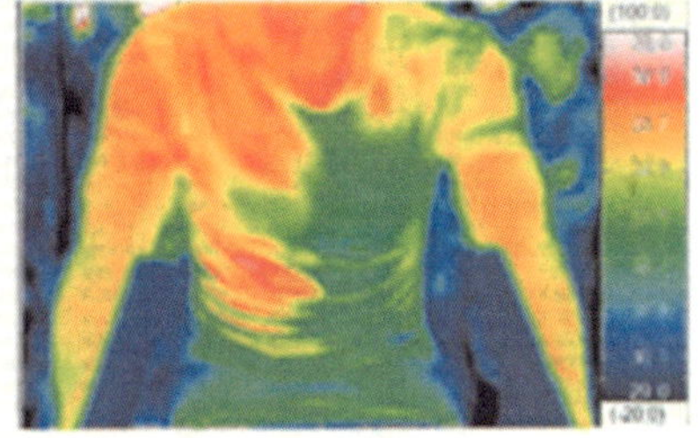

자전거 운동 시작 10분 후

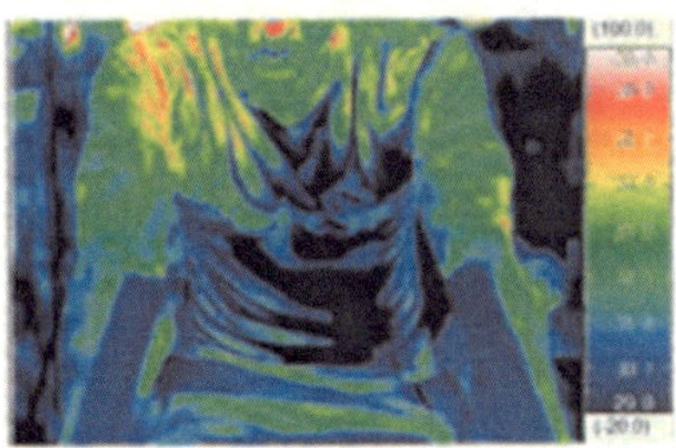

자전거 운동 시작 20분 후

비고 1. 이 성적서는 신청자가 제시한 시료 및 시료명으로 시험한 결과로서 전체 제품에 대한 품질을 보증하지는 않습니다.
　　 2. 이 성적서는 당 시험연구원의 사전 서면동의 없이 홍보, 선정, 광고 및 소송용으로 사용될 수 없으며, 용도 이외의 사용을 금합니다.

Fashion Products Management

제품품질검사

01 품질검사 (Quality Inspection)

품질검사는 제품의 설계내역을 정확히 파악하고 최종 완제품을 차질 없이 생산해 내기 위한 각 단계별 확인과정으로, 이러한 과정을 통해 결점을 수정·보완하여 소비자에게 만족감을 주는 제품을 만드는 것이다.

품질검사는 단순히 불량제품을 제거하는 목적만이 있는 것이 아니라 생산공정 중에 문제점을 파악하고, 이를 개선해서 불량율을 낮추고 나아가 품질을 향상시키기 위한 시스템이다.

02 품질검사방법

❶ 원·부자재 검사(Raw material Inspection)

원·부자재 입고 시 주문한 제품과 사양이 같은 것인지 확인하기 위한 과정으로 컬러, 수량, 사이즈, 결점(defect)을 검사한다.

❷ 공정검사(In-line Inspection)

완제품의 불량율을 줄이기 위해 공정 중에 부분품의 중간검사, 봉제 중 발생하는 오염의 여부, 봉제의 상태나 방법의 개선 등을 시행한다.
공정검사는 최종 완제품 검사에서 발생한 불량을 개선하는 것보다 관리비용을 줄일 수 있기 때문에 가능한 밀착하여 진행하는 것이 바람직하다.

❸ 최종 완제품 검사(Final Inspection)

완성품을 본사 물류 창고에 입고시키기 전에 상품가치를 소비자 관점에서 검사하는 것으로, 치수검사, 외관검사, 기능검사, 라벨검사, 이화학검사로 나눌 수 있다.

- **치수검사** : 총장, 어깨너비, 가슴둘레, 허리둘레, 밑단둘레, 목둘레, 칼라길이, 소매길이, 소매둘레, 암홀, 손목둘레, 바지길이, 허리둘레, 엉덩이둘레, 밑위길이 등의 치수를 검사한다.

- **외관검사** : 원단의 무늬와 결을 맞추기, 좌우 균형, 단추, 단추 구멍, 지퍼, 봉제상태, 땀수, 시접, 심지 부착상태, 주름상태, 부분품 등을 검사한다.

- **기능검사** : 스냅, 단추의 작동 여부, 기능성 제품의 대전방지, 투습방수, 흡한속건성 등의 특수한 기능의 적합성 등을 검사한다.

- **라벨검사** : 메인 라벨, 사이즈 라벨, 품질표시 라벨의 적합성, 위치, 부착방법 등을 검사한다.

- **이화학검사** : 공인기관에 의뢰하여 발급 받은 시험성적서를 제품 입고 시 함께 제출해야 한다. 원단의 혼용율, 세탁견뢰도, 드라이클리닝견뢰도, 마찰견뢰도, KC 테스트로는 땀견뢰도, pH, 폼알데하이드, 아릴아민 축출검사, 내세탁성으로는 치수 변화율, 변퇴색, 자체이염, 필링, 뒤틀림, 형태안정성 등을 검사한다.

03 국가별 품질검사 규격

❶ KS(Korean Standard)

한국공업규격으로 이 규격에 도달한 제품에는 KS 마크를 붙여 표시하지만, KS 마크가 부착되었어도 품질 저하가 인정되는 경우에는 인가가 취소되고 벌칙을 받는다. 일반적으로 KS 마크를 부착한 제품은 우량품(優良品)이라는 인상을 주지만, 이것은 제품에 대하여 최저규격의 합격이다. KS 마크 인증제도는 국가의 산업발전과 합리화, 소비자 안전과 위생 확보를 위하여 1963년부터 시행되었다. 글로벌 시대에 외국과 경쟁이 격화하고 있는 현재, 그 규격의 고도화와 상품 검사의 철저화가 필요하다.

❷ JIS(Japanese Industrial Standard)

일본의 공업규격화로 제정된 산업규격에 맞게 생산된 제품에 대하여 국가가 JIS 마크를 부여한다.

❸ ASTM(America Society for Testing and Materials)

섬유제품을 포함해서 공산품에 대한 자체적 기준을 만드는 기관으로 세계에서 가장 크다. 미국 내 공업원료 및 그 시험법의 표준화를 관장하는 기관이다.

❹ AATCC(America Association of Textile Chemists and Colorist)

섬유제품의 염색 및 화학적 처리에 대한 많은 실험방법을 제시하고 기술 정보지인 'Textile Chemistry and Colorist'와 'Color Index' 등을 출간하고 있다.

❺ ISO(International Standard Organization)

비정부 기관으로 전 세계의 전문가들로 구성되어 있으며 그중에 TC38은 섬유제품기술위원회로 국제표준규격을 설정하는 역할을 하고 있다.

04 KC 마크

품질경영 및 공산품안전관리법에 의해 소비자의 생명이나 신체상의 위해 우려가 있는 공산품에 대해 제조, 수입, 유통, 판매자가 공장출고 전 또는 수입통관 전에 시험을 거쳐 인증마크를 부착하도록 하는 것을 의무화한 법정 제도이다. KC 마크(Korea Certification 국가통합인증마크)는 그간 분산되어 있던 다양한 법정 강제인증마크를 2009년 7월부터 KC 마크로 국가적으로 통합하였다. 1단계로 13개 마크를 단일화하였고, 산업통상자원부 이외의 정부 타 기관의 마크도 KC 마크로 확대할 계획이다.

KC 마크는 국가가 공신력을 부여하여 업계의 부담을 완화시키고, 국가적 마크에 대한 대외 신인도 제고하며, 소비자의 신뢰도 및 인지도 향상 등을 통해 판매를 촉진할 수 있는 효과를 가지고 있다.

KC 마크

| 단계별 품질검사 방법 |

단계	검사방법	검사내용
원·부자재 발주	• 사양확인 • 특수기능확인	• 발주 자재의 사양(Spec) 확인 • 특수기능에 대한 공인기관의 인증서 확인
원·부자재 입고	• 자재 물성검사 • 이색검사 • 수량검사 • 결점검사	• 자재의 기본물성에 대한 공인기관의 인증 • 생산 로트(lot)별 이색, 발주 대비 색상과 비교 확인 • 발주수량 대비 입고량 확인 • 슬럽, 직단, 오염, 위곡 등의 결점 검사
생산공정	• 오염검사 • 부분품검사 • 봉제검사 • 공정검사	• 봉제 중 발생하는 기름 및 기타오염 검사 • 부분품의 치수 및 무늬 및 결 방향 확인 • 봉제상태, 봉사 컬러, 땀수 검사 • 디자인에 따른 진행 확인, 생산성 확인
완성품	• 치수검사 • 외관검사 • 기능검사 • 완제품 물성검사	• 제품 부위별 치수 확인 • 좌우 균형, 봉제상태, 부속품 결속, 마감상태 등 검사 • 스냅, 단추, 지퍼의 작동 여부, 특수 기능의 적합성 • 완제품의 내세탁성, KC 테스트
물류창고	• 수량검사 • 포장검사 • 라벨검사	• 발주대비 입고량 확인 • 포장상태 및 프레스 상태 검사 • 사이즈별 라벨 적합성, 품질표시 부착 확인
판매점	• 마감검사 • 오염검사	• 실밥, 단추, 프레스 상태 확인 • 운송 중 오염, 포장 뜯김 등을 확인

로트(Lot)의 의미

01
생산방식

생산방식은 장소에 따라 집중생산과 분산생산으로 구분할 수 있고, 생산량에 따라 개별생산(주문생산, 수주생산)과 연속생산(예측 생산, 흐름생산), 그리고 로트(Lot)생산으로 구분할 수 있다. 개별생산은 대부분 다품종 소량생산이고, 연속생산과 로트생산은 소품종 대량생산에 해당한다.

❶ **개별생산** : 계속성 없이 주문을 받을 때마다 고객의 요구에 따라 디자인하고 재료를 구입하여 생산하며, 숙련공에 의존하는 경우가 많다.

❷ **연속생산** : 수요를 예측하고 동일 종류의 제품을 대량으로 생산하는데 컨베이어 벨트(Conveyer belt) 시스템에 의한 전송 작업이나 오토메이션(Automation)화시켜 원자재의 투입부터 최종제품의 완성까지 일괄적으로 생산된다.

❸ **로트(Lot)생산** : 대량생산의 방식이지만 연속생산을 하지 못하는 제품을 일정한 단위로 끊어서 생산하는 방식으로 로트(Lot)마다 미세한 차이가 있고, 불량을 추적하기 위하여 로트를 구분해준다.

02
EOQ(Economic Order Quantity)

경제적 주문량(Economic Order Quantity)의 약칭으로 원·부자재 구입 시 구입에 따른 주문비용이나 재고유지비 등을 고려하여 가장 경제적이라고 판단되는 1회 구입 물량이다.

경제적 주문량은 재고비용의 감소효과가 있지만 로트(Lot)별 차이가 발생한다.

경제적 주문량을 사용하는 물품의 컨디션은 아래와 같다.

❶ 연속적으로 사용하는 기본적인 원·부자재이다.

❷ 구입단가가 일정량 이하에서는 비싸진다.

❸ 주문비용은 발주량에 크기에 관계없이 매 주문마다 발생한다.

❹ 재고유지비는 발주량의 크기에 비례하여 상승한다.

❺ 수요가 일정하고 조달기간도 일정하다.

03
로트(Lot)의 구별

패션제품에서의 로트(Lot)는 최소 발주 단위나 한 덩어리로 생산된 단위를 말한다. 제품을 한 개씩 생산한다면 로트의 문제는 발생되지 않는다. 그러나 생산관리상 로트의 문제는 항상 발생된다. 원단의 경우 한 번에 염색할 수 있는 양이 한정되어 있기 때문에 이색이 발생되고, 생산 방법에서도 하나의 공장에서도 생산 라인(Line)이 다르면 다른 품질의 제품이 생산된다. 또한 하나의 제품도 상황에 따라 공장을 달리 써야 하는 경우도 있고, 생산 관리상 1회에 전량을 생산해 내는 것이 아니라 자재의 일부를 남겼다가 시장 상황에 맞춰 유동적인 생산방식을 취할 경우에도 로트의 차이가 발생한다. 리오더(Reorder)의 경우는 계절, 원단의 수급, 공장의 수용력 등에 따라 수많은 변수가 생긴다. 따라서 로트(Lot)는 영업전략에 따라 구별하여 관리해야 한다.

04 소로트화와 생산성 유지

패션제품은 일반적으로 라이프 사이클(Life cycle)이 짧기 때문에 패션 산업 전반에 걸쳐 다품종 소로트화(少Lot化)가 진행되고 있다. 특히 유행에 민감한 숙녀복에서 더욱 두드러진다. 이러한 생산 형태는 고객의 다양한 요구를 빠르게 대응할 수 있고, 대량의 재고가 발생하는 문제도 어느 정도 해소할 수 있다. 그러나 다양한 제품을 생산해 내야 하므로 공정의 변화가 빈번하고, 생산조직의 관리도 어려우며 생산성이 낮아져 원가가 상승하는 단점이 있다.

다품종 소로트화 생산을 하기 위해서는 생산 공장의 설비나 운영체제가 신속히 전환될 수 있도록 구성해야 한다. 또한 경쟁력 있는 전문기업에 아웃소싱(Out sourcing)함으로써 경쟁력을 제고시킬 수 있다.

| 로트의 문제점 발생 및 대처 방안 |

문제 발생	대처 방안
원단의 절내 이색	• 근접 마카 • 넘버링 작업
원단의 로트별 이색	• 다른 스타일이나 사이즈로 투입 • 로트별 컬러 품번을 생성하여 별도 관리
복수 라인 투입	• 다른 컬러, 다른 사이즈 투입 • 라인 호환 관리로 균질성 유지
복수 공장 투입	• 다른 스타일, 다른 컬러, 다른 사이즈 투입 • 공장별 품번을 생성하여 별도 관리
시차별 투입	• 동일 원 · 부자재의 수급과 동일 생산처 선정 • 시차별 품번을 생성하여 별도 관리
리오더	• 동일 원 · 부자재의 수급과 동일 생산처 선정 • 리오더 품번으로 별도 관리

원 · 부자재 클레임(Claim)

01 원 · 부자재 클레임의 발생

구매자가 원 · 부자재 공급 시 계약조건과 상이한 제품을 납품 받게 되면 이에 대하여 손해배상을 청구하거나 이의를 제기하는 것을 클레임(Claim)이라 한다.

패션제품 원 · 부자재에 발생하는 클레임의 경우 품질, 형태, 색상, 진행상의 문제점으로 유형을 분류할 수 있다. 클레임이 발생하였을 때는 완제품 생산진행에 차질이 없도록 하면서 구매자의 이익보존을 위하여 문제점을 명확히 파악하고 신속하고 공명하게 해결해야 한다.

클레임(Claim)은 발생 시기에 따라 아래와 같이 분류할 수 있다.

❶ 입고나 선적 전 : 납품업체에서 사전통보로

❷ 입고 후 : 자재과의 검단 또는 검사 결과로

❸ 생산투입 후 : 연단이나 봉제에 따른 B품 발생으로

❹ 판매 후 : 소비자 클레임(Claim)으로

02 클레임의 유형

클레임(Claim)의 유형은 품질, 형태, 색상, 진행으로 분류할 수 있다. 이에 따른 클레임 내용들은 아래와 같다.

❶ **품질** : 직단(경사, 위사 직단), 잡사, 오염, 흠, 냅(Nap), 미어짐, 찢어짐, 조직 뭉침, 경 · 위사 끊어짐, 위곡(결 틀어짐)

❷ **형태** : 롤(Roll) 자국, 구겨진 주름(Crease), 기모 이상, 자수 없음, 시각적 차이, 중량 상이, 폭 불균일, 뻣뻣함, 터치(Touch) 상이

❸ **색상** : 색상 변경, 로트(Lot) 이색, 흐르는 이색, 양변 이색, 프린트 불량

❹ **진행** : 품번(Article) 변경, 패턴(Pattern) 중복판매, 단가 변경, 선적 지연, 수량부족 또는 수량초과, 폭 변경, 여유분(Allowance) 부족

03 클레임의 유형별 제기방법

클레임은 유형에 따라 제기방법이 다르며, 클레임은 항상 분쟁의 소지가 많다. 따라서 책임 소지를 명확히 하기 위해서는 철저한 자료 준비가 필요하다. 클레임의 유형별 준비방법은 아래와 같다.

❶ **품질** : 검단 또는 검사 결과에 따라 관용적으로 인정되는 범위를 초과하는 부분의 불량에 대해서는 구매처의 규정에 의해(국제 관례는 3~5% 이하) 클레임(Claim)을 제기한다. 이때 검단 결과표(Inspection note)와 증거물(Evidence)을 같이 제시하여야 한다.

❷ **형태** : 최초 제시된 샘플(Reference sample)과 확연한 차이가 있을 시에 제기가 가능하며 제시샘플(Reference sample)과 입고된 원 · 부자재 샘플(Main sample)을 같이 제시하여야 한다.

❸ **색상** : 최초 제시된 샘플(Reference sample)과 확연한 차이가 있거나 또는 입고된 원 · 부자재 낱개(Piece)별로 차이가 있을 때, 1개(Piece)에서 부위별로 차이가 있을 경우 제기한다. 증거물(Evidence)은 경우에 따라서 모든 잘못된 부위를 준비하여야 한다.

❹ **진행** : 납기의 지연, 계약 서류상의 규약을 위반하였거나, 독점(Exclusive) 사용 계약을 위반 시 제기된다. 대부분 경우 제품의 입고나 선적 전에 알 수 있다. 따라서 조치도 입고나 선적 전에 이루어질 수 있다. 단가조정, 신용장 수정(L/C Amend) 등의 방법으로 처리한다.

| 클레임의 처리방법 사례 |

종류	처리방법 사례
반품	과도한(10% 이상) 불량(Defect)이 발생되어 생산성을 유지할 수 없거나 또는 도저히 판매 불가능한 전혀 다른 제품이 입고 시에는 납품업체의 동의하에 반품을 진행해야 한다. 해외로 반품 선적(Ship Back)할 경우 동의서가 필요하다.
여유분(Allowance) 추가공급	불량(Defect)이 관례 이상으로 발생된 부분에 대하여 여유분(Allowance)을 추가적으로 공급받도록 하는 조치이다.
재가공 처리 후 입고	수정 가능한 불량(Defect)의 경우 납품업체의 부담으로 재가공 처리하여 입고시키는 조치이다.
현금 배상	여유분(Allowance)의 공급이나 재가공 처리가 불가능한 불량이 발생 시에는 그 부분에 대한 금액을 산정하여 현금으로 배상시키고 적자세금 계산서를 발행하는 방법이다.
샘플대금 상쇄(offset)	납품업체에 지불하여야 하는 샘플(Sample) 대금이 있는 경우, 클레임(Claim) 금액과 비슷할 경우 납품업체와 협의하여 이를 상쇄시킨다. 만일 샘플비로 발행된 수표(Cheque)가 있을 시에는 이를 다시 매입하고 부도(Unpaid) 처리하는 방법도 있다.
신용장 수정 (L/C Amend)	해외에서 수입으로 원·부자재를 구입하는 경우에 선적 전 상황이라면 신용장을 수정(L/C Amend)하여 진행할 수 있다. 단가를 조정하면 관세를 감면 받을 수 있는 방법이다.
결제 대금공제 (Deduct)	내수에서 납품으로 진행하는 경우 결재대금에서 클레임 금액을 공제(Deduct)하고 지급하는 방법으로 경리부와 긴밀한 협조가 필요하다.
차기 오더(Next order)에서 감가(Discount)	차기 시즌 오더(Next order)에서 감가(Discount) 받는 방법으로 차기 오더의 정확한 최초 단가가 필요하며 최초 단가에서 감가(Discount)의 폭이 최소 3% 이상이 되어야 효용성이 있다.
거래 중지	납품업체에서 클레임을 인정치 않을 시에는 이를 완결하기 위하여 납품업체의 공식의견서를 첨부하여야 하며, 추후 계속적인 거래 시 문제가 발생할 소지가 있다고 판단되면 거래를 중지해야 한다.

※ 클레임 처리는 일방적일 수 없다. 항상 쌍방이 타협하여 관용적인 포용이 필요하다.

MEMO

Fashion Products Management

CHAPTER 07

생산계획

생산계획의 수립

01 생산계획 (Production Planning)

기업 활동에 있어서 그 목적을 달성하기 위한 제품을 생산해 내는데 생산 개시에 앞서 제품의 종류, 가격, 수량, 생산방식, 장소, 기간 등에 대해 계획을 세우는 것을 말한다.

생산계획은 중·장기 계획과 일정계획으로 나눌 수 있다. 장기 계획은 수년에 걸쳐 산업동향이나 기업의 성장에 따른 매출액 변화에 따라 생산계획을 각 연도별로 수립하는 것을 말한다.

중기계획은 규정된 생산 능력 하에 1년이나 각 분기별 또는 월별에 대응하는 생산량을 계획하는 것이다. 특히 패션제품은 계절에 따라 생산량 변동 폭이 크므로 이를 일정하게 유지하도록 하기 위해 선진행 제품을 만들어 재고 보유를 늘리거나, 외주생산을 탄력적으로 활용하기도 한다.

일정계획은 가장 세밀한 계획으로 각 주(週)별 또는 각 일(日)별 생산량을 계획하는 것으로 주문품의 납기와 생산 설비 가동률, 자금, 인원 등의 생산 능력(Product Capacity)에 맞는 계획의 수립이 중요하다.

02 생산의 평준화

생산능력과 부하(負荷)는 항상 변한다. 그러나 생산능력을 갑자기 증대시키거나 감소시키기에는 무리가 따른다. 따라서 평준화 관리가 필요하다.

생산 능력은 매월 실제 가동 작업 일수를 파악하고, 각 작업장의 인원 현황과 각 설비별 가동률과 생산능력 등을 파악하여 산출하고, 부하량은 생산계획서에 의거하여 제품 수량, 제품 사양에 따른 공정 소요시간 등으로 산출된다.

부하량이 생산능력보다 큰 경우 능력을 증대하기 위한 인원보충, 특근, 한시적 외주처리 등을 하게 되고, 부하량을 감소시키기 위해 납기 연장이나 발주 취소를 하게 된다.

반대로 생산능력이 크고 부하량이 적을 경우에는 생산능력이 부족한 공정에 대하여 인원을 이동하거나 신규 오더를 수주하는 등의 부하량 증가를 위한 노력을 하여야 한다.

03

MPS(Master Production Scheduling)

생산계획 수립 시 고려해야 하는 요건 중에 하나는 각 단계마다 중간품 또는 완제품을 얼마만큼 재고로 가져 갈 것인가이다.

공장을 운영하는 데는 기계를 켜고, 정비하고, 제품에 맞게 설정(Setting)하는데 비용이 발생하는데, 이를 절차비(Set-up cost)라 한다. 반면에 중간품이나 완성품을 쌓아 놓아서 재고가 증가하면 창고비용, 운영비용, 제품가치의 감가상각이 발생하게 되는데, 이를 재고자산비용(Inventory cost)이라 한다.

절차비(Set-up cost)를 줄이기 위해 한 번에 많이 생산하게 되면 재고자산비용(Inventory cost) 이 증가하게 되고, 재고자산비용을 줄이기 위해 생산량에 따라 매번 설비를 설정을 하게 되면 절차비(Set-up cost)가 증가하게 된다. 이러한 상반되는 관계를 상쇄(Trade off)라 한다.

MPS(Master Production Scheduling)는 비용을 최소화할 수 있는 생산량과 생산분기(Shift)를 구하는 것이다.

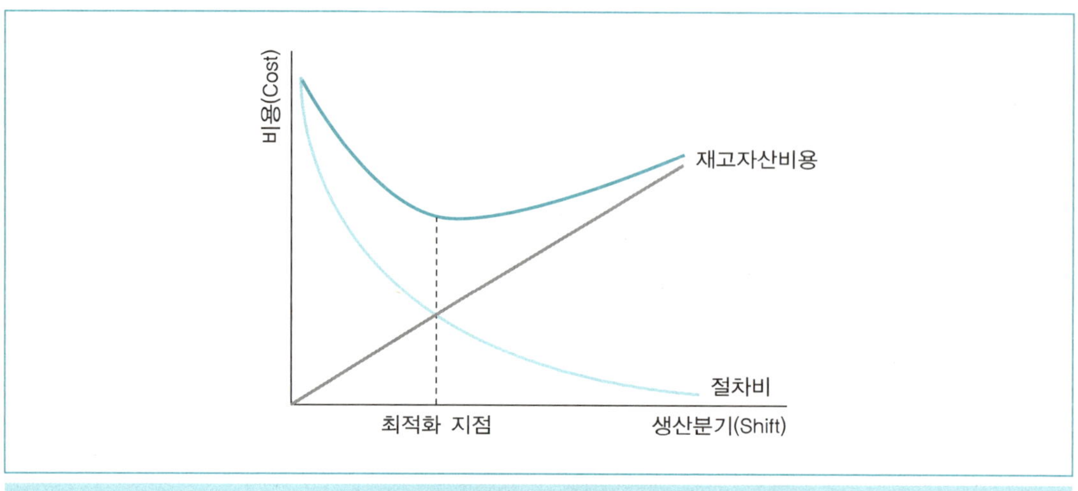

최적화 생산분기(Shift)

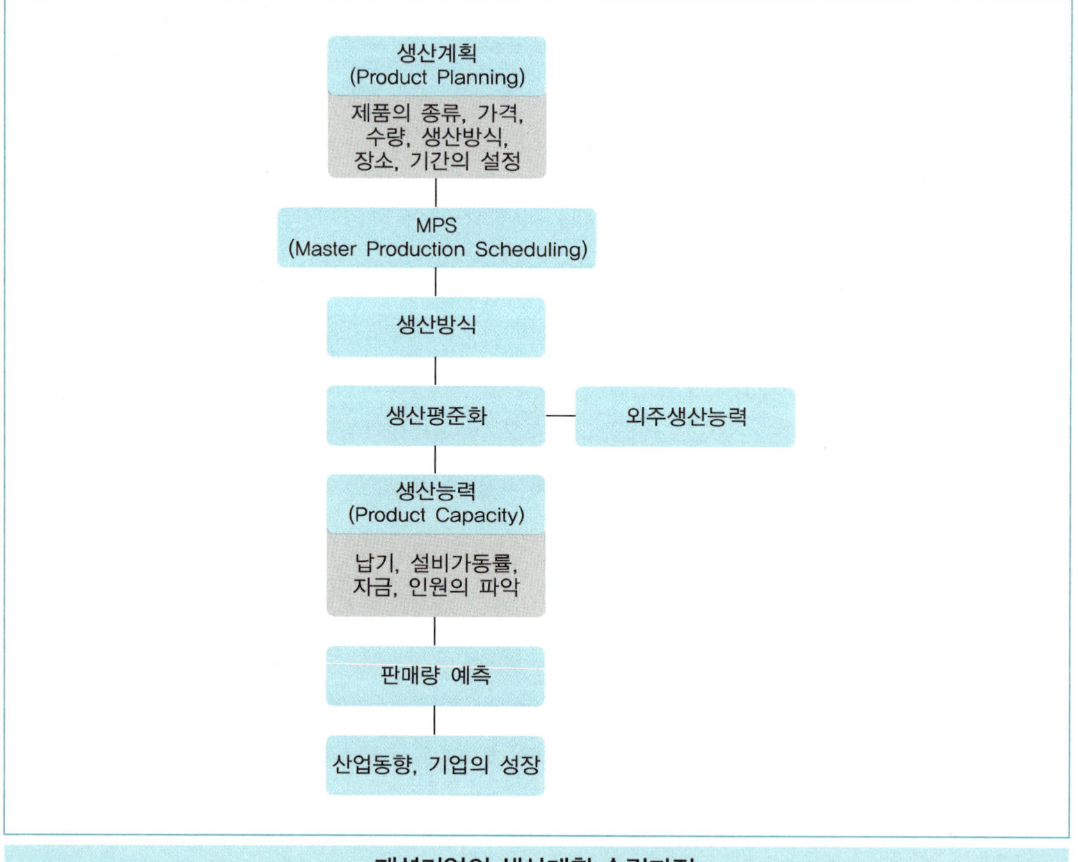

패션기업의 생산계획 수립과정

생산능력의 평가

01

생산능력
(Product
Capacity)

생산능력(Production Capacity)은 생산 설비 시스템이 정상적인 상태에서 일정한 기간에 달성할 수 있는 최대수준의 부가가치 활동이라 정의할 수 있다.

생산능력에는 소요생산능력과 가용생산능력이 있다. 소요생산능력은 주어진 생산설비에서 목표량을 달성하기 위해 소요된 시간이 단순히 어느 정도 걸리는가를 말한다. 그러나 가용생산능력은 현재 시점에서 운영되는 생산설비에서 목표량을 달성하기 위해 여러 가지 자원을 투입까지 감안해서 걸리는 시간을 말하는 것이다. 따라서 항상 가용생산능력에 대한 평가가 더 중요하다.

또한 일정기간에 주어진 여건에서 생산 가능한 생산량을 유효능력(Effective capacity)이라 하는데, 이러한 유효능력을 가지고 만들어낸 실제 생산량을 효율(Efficiency)이라 한다. 이것 역시 생산능력 평가 시 중요한 인자이다.

$$\text{효율(Efficiency)} = \frac{\text{실제생산량(Actual quantity)}}{\text{유효능력(Effective capacity)}}$$

02 생산능력의 전략

생산능력이 수요에 부응하지 못해 제때에 공급하지 못하면 기회의 손실과 신뢰를 잃고, 반대로 불필요한 과잉투자와 유휴능력은 운영유지비용의 부담이 된다. 따라서 생산능력과 수요는 서로 부합되어야 생산비를 최소화할 수 있다.

따라서 생산능력을 갖추기 위해 전략적으로 결정하기 위해서는 아래와 같은 사항의 검토가 있어야 한다.

❶ 시장수요의 변화와 성장 가능성

❷ 기술 변화의 속도 방향성

❸ 기존설비의 최적 운영수준과 신규설비의 최적 규모

❹ 생산능력 증설에 필요한 시간과 운용자금

❺ 다양한 요소에 따른 입지의 선정

03 부하(負荷)계획

부하계획은 생산능력의 범위 내에서 이미 계획된 양을 말한다. 따라서 생산능력에서 부하를 빼고 산출된 것이 실질적인 생산여력이다.

부하계획이 정확하지 않으면 생산여력을 판단하는 데 착오가 발생하여 주문을 놓치게 되거나, 반대로 주문을 받고 납기를 놓치게 된다.

부하계획은 일정기간의 생산능력과 부하, 생산여력만이 중요한 것이 아니라 일별 부하계획과 공정별 부하계획을 세부적으로 잘 세워야 공정 간의 불균일이 일어나지 않는다.

부하는 생산부문별로 다르게 나타나고 또한 공정별로 순차적으로 나타난다. 따라서 공정의 전 부분이 원활히 균등하게 돌아가게 하기 위해서는 인원의 배분, 시간의 배분, 설비의 배분을 적절히 하여 운영하여야 한다.

부하계획을 항상 긴밀하게 운영하여 만약 부하가 많이 걸리는 공정이 있다면 잔업이나 휴일근무를 한다든지 납기를 연장하여야 한다.

04 최적의 생산능력

단위생산비용은 일반적으로 생산량이 증가하면 감소한다. 그러나 일정 수준을 초과하면 다시 비용이 증가하게 된다. 따라서 단위생산비용이 가장 적게 되는 지점이 최적의 생산능력 운영 수준이다.

생산능력이 최적 수준을 지나가면 규모의 비경제성이 발생한다. 수요를 초과는 생산능력을 보유하여 지속적인 가동을 위한 초과생산이 발생하고, 이에 대한 재고비용이 발생되며 이를 소진하기 위해 과도한 가격할인 등의 문제가 발생한다. 또한 대규모 자동화 설비 시 노동인력은 감소하나 설비를 안정적으로 운영하기 위한 유지 보수 비용이 증가한다.

따라서 생산능력은 상기의 사전 전략의 항목에 따라 검토하여 적합한 상태로 갖추는 것이 경제적인 생산능력이라 할 수 있다.

| 공정별 부하계획의 예제 |

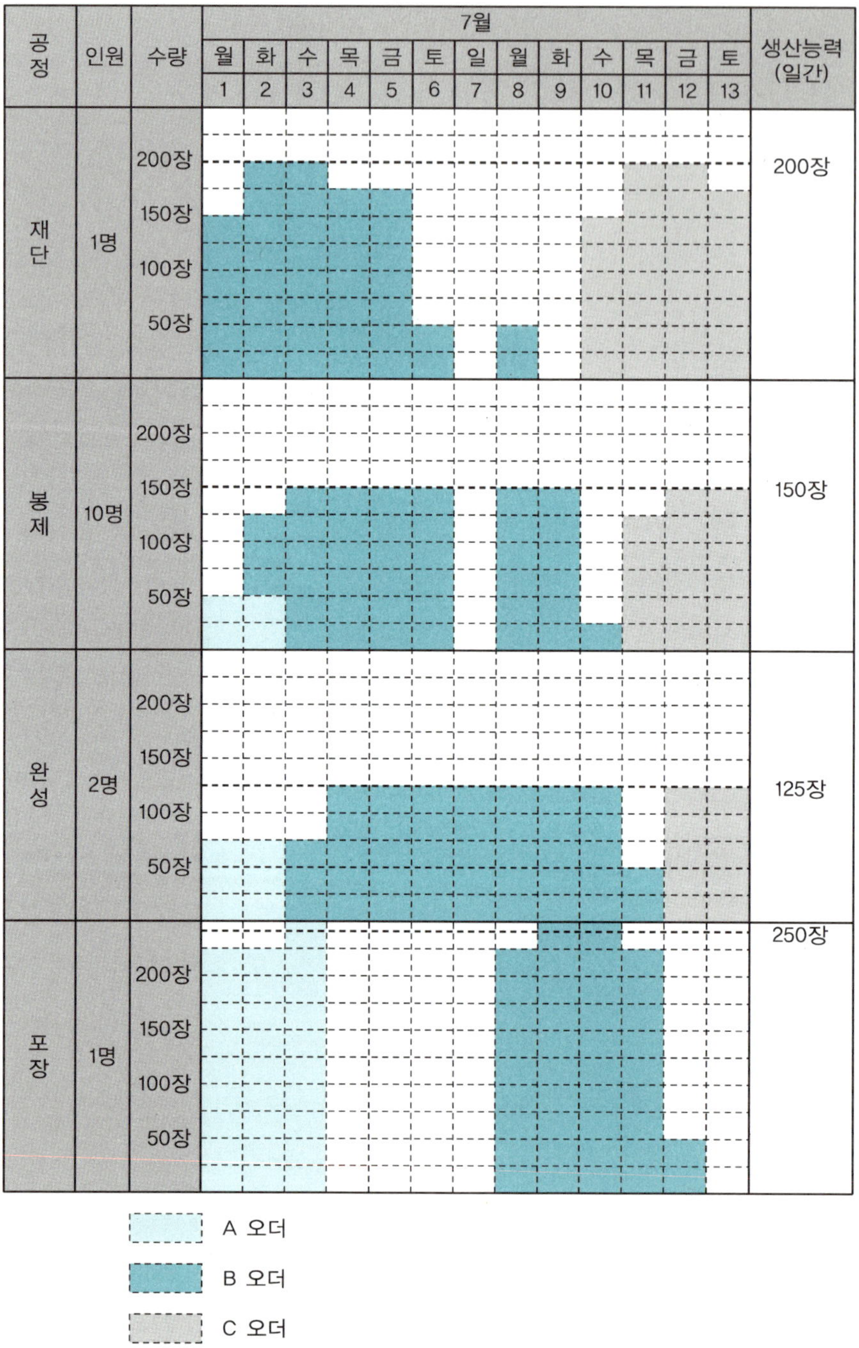

공정	인원	수량	7월													생산능력 (일간)
			월	화	수	목	금	토	일	월	화	수	목	금	토	
			1	2	3	4	5	6	7	8	9	10	11	12	13	
재단	1명															200장
봉제	10명															150장
완성	2명															125장
포장	1명															250장

A 오더

B 오더

C 오더

생산준비 – 자재소요계획

01

자재소요계획
(MPR ; Material Requirement Planning)

'계획'은 제품 1개 단위당 소요자재 기준을 만들고 생산계획에 따라 자재별 소요시간과 소요량을 산출한다. 자재별로 현재 재고량과 필요량을 산출하여 구매 발주한다.

'구매'는 자재 사용계획에 근거하여 자재를 구입하는데, 구매처 선정을 위한 공개입찰, 지명 등 어떤 방법을 사용할 것인가와 구매수량, 인도조건, 지불조건, 납기 등에 따른 가격 결정이 중요하고 견적의 검토와 교섭을 하게 된다.

'보관'은 자재가 필요할 경우 즉시 사용할 수 있도록 자재를 분류하여 코드(Code)화시키고 보관장소의 위치(Location)를 명확히 하는 일이다. 따라서 자재의 입·출고, 적정 재고의 통제, 재고조사 등의 사무기능을 수행한다.

> **POINT**
>
> 생산준비는 자재소요계획(MPR)부터 출발한다. 생산에 필요한 자재(what)를 적정한 가격(Just price)으로 필요한 곳(Where)에 필요한 시점(When)에 필요한 양(How much)만큼 공급할 수 있도록 계획하고, 구매하고, 보관하는 일이다.

02
리드타임
(Lead Time)

자재가 발주되고 납품되어 사용하기까지의 기간을 리드타임(Lead Time)이라 한다. 일반적으로 목표로 하는 조달시점과 그에 따른 차질을 고려하여 어느 정도의 여유를 두고 기간을 잡아야 한다.

리드타임의 단축은 비용 측면에서 전체적인 원가절감으로 이어진다. 자재가 발주되는 순간 이에 대한 인건비와 재료비가 발생하고, 납품하는 순간에 이 비용이 회수되므로 기간이 길어질수록 이자 비용이 발생하고 보관이나 관리를 위한 추가적 비용이 발생한다.

패션제품의 리드타임을 산출 시 공정의 흐름을 역순으로 배열하고 자재별로 리드타임을 산정하여 적합한 시점에 발주를 하는 방식을 취하고 있다. 선염 원단의 경우 가장 많은 리드타임을 요구하고, 심지 등 공용 부자재의 경우 즉각 구매가 쉽기 때문에 자재별로 발주시점을 다르게 가져가야 한다. 이는 도요타 생산 시스템(TPS)의 칸반 시스템이나 JIT(Just In Time)에 착안점을 둔 변형된 모습으로 재고를 감소시키고 추가적인 비용 발생을 억제시킨다.

03
구매관리 업무

구매관리 업무는 단순한 기본 업무의 수행보다는 도덕성(Morality)이 우선되어야 한다. 구매라는 행위를 공평하고, 적법하게 하기 위하여 공개 입찰, 제안, 비교 견적 등의 여러 가지 방법이 사용된다. 그러나 구매라는 위치는 쉽게 유혹을 받을 수 있는 자리이므로 높은 수준의 도덕성이 필요하다.

일반적인 구매관리 절차는 다음과 같다.

❶ 구매요청

❷ 업체선정 및 견적의뢰

❸ 견적검토 및 구매품의

④ 구매계약 체결

⑤ 발주(發注)

⑥ 입고

⑦ 과부족 및 불합격품의 처리

⑧ 대금지불

> **POINT**
>
> 구매관리 업무는 기업에 필요한 물품을 각 부문별 거래처와 연결하여 적합한 가격, 품질, 수량, 납기 등에 맞춰 확보함으로써 기업의 이익을 창출하는 활동이다.

04 보관 업무

보관업무는 검수(檢收), 입·출고, 보관, 재고조사의 업무로 나눌 수 있다.

검수는 입고 시나 전에 이화학 시험 성적서를 받아야 하고, 샘플 비교, 랜덤 검사, 전수 검사 등의 방법으로 육안 검사를 실시해야 한다.

입·출고는 자재가 필요시 즉시 사용할 수 있도록 자재를 분류하여 코드화해야 하며 식별표식을 하고 수량을 확인한 후 입·출고해야 한다. 자재의 입·출고 기록은 발생 후 즉시화(卽時化)하여야 한다. 특히 판매시점 정보관리(Point Of Sales ; POS)시스템의 발달은 판매시점에서부터 정보의 즉각적인 피드백(Feedback)에 의해 신속하고 정확히 관리할 수 있다.

보관은 보관 중 파손되지 않도록 포장하여야 하고 포장 부피나 면적, 입출고 빈도를 고려하여 보관한다. 청결유지와 습도유지, 화재, 도난 등을 방지하기 위한 적절한 관리가 필요하다.

재고조사는 일상에서 발견되지 않는 항목을 조사하여 장부상의 재고와 실제 재고의 불일치를 보정하는 것이다. 손상, 변질, 변색, 퇴색 등의 이유로 사용하거나 판매할 수 없는 것에 대해서는 평가절하하여 반영하기도 한다. 재고는 자산이므로 실제적인 가치의 반영이 중요하다.

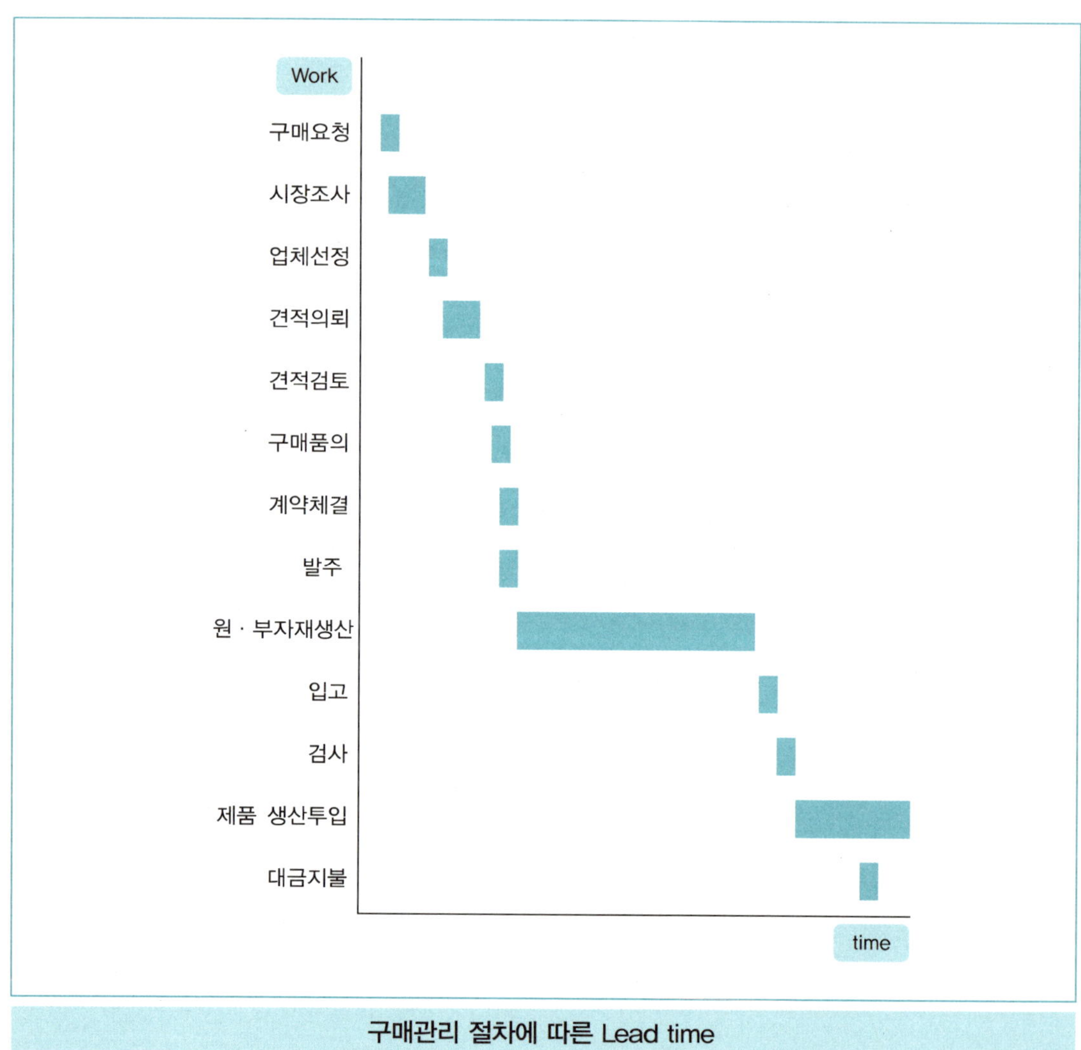

구매관리 절차에 따른 Lead time

MEMO

Fashion Products Management

Mid Check Point

01 패션제품 생산관리의 최종 목표

고객과 지속적인 유대관계로 고객의 문제를 해결하고 고객에게 가치를 제공함으로써 기업은 안정적인 수익을 얻는 프로세스이다. 다시 말해 고객만족의 실현이 생산관리의 최종적인 목표이다.

02 패션제품 생산관리의 6가지 중요업무

❶ **원가관리** : 제조원가를 최저로 유지하면서 제품의 품질을 유지하고, 적합한 시기에 생산해 낼 수 있도록 결정한다.

❷ **품질관리** : 브랜드에 적합한 품질 수준을 갖고 있는지, 작업지시서의 기준에 따라 제조되었는지, 세탁과 취급주의에 문제는 없는지 검사한다.

❸ **생산계획** : 생산해야 하는 제품의 종류, 수량, 품질, 생산 시기를 과학적으로 예측한다.

❹ **일정관리** : 패션제품을 생산해 내기 위한 각 작업(직물, 부자재, 패턴, 재단, 봉제, 포장, 이동 등)을 수행하는 기간과 여력을 확인하고 각 작업들이 적합한 시점에 맞게 생산되도록 조절한다.

❺ **공정관리** : 수요예측에 따라 생산방식의 결정과 지연 원인을 분석하고 제거하며, 작업량을 계산하여 할당 계획 등을 수립한다.

❻ **재고관리** : 재고 보유는 비용이 소요되므로 이익과 비용의 균형을 맞출 수 있는 적정수준의 재고량 보유와 관리가 필요하다.

03 Q(Quality 품질), C(Cost 원가), D(Delivery 납기)의 정의

❶ Quality란 효용 가능한 재화 내에서 최선의 양질의 제품을 만들어 내는 것이 목적이라 할 수 있다.

❷ Cost Down은 적합한 품질을 유지하는 내에서 최대한의 비용을 줄여 기업의 수익성을 보장하고 가격 경쟁 시장의 우위를 확보하는 것이 목적이라 할 수 있다.

❸ Delivery는 적기(Just in time)와 공기단축(Schedule compression)을 통해 수익성이 높은 충분한 판매기간을 확보하는 것이 목적이라 할 수 있다.

04 SCM(Supply Chain Management 공급사슬관리)의 정의

'원ㆍ부자재 제공업자－생산자－판매자－고객'에 이르는 물류의 흐름을 하나의 가치 사슬로 파악하여 필요한 정보가 원활히 흐르도록 지원하는 시스템을 말한다. 기업 내의 부문별 최적화나 개별 기업 단위의 최적화에서 탈피하여 공급사슬의 구성요소들 간에 이루어지는 전체 프로세스 최적화를 달성하고자 하는 경영혁신기법이라 할 수 있다.

05 구매와 외주의 차이점

구매에는 구입하고자 하는 제품의 사양(Specification)이 포함된다. 다시 말해 타사가 스스로의 책임하에 개발, 설계, 제조한 제품에 대해 대가를 지불하고 구입하는 것을 말한다.

외주에는 구입하는 제품의 사양이 포함되지 않는다. 즉, 개발과 설계는 발주 측의 책임하에 이루어지고 외주 업체는 그 사양에 따라 생산만을 담당하는 것이다.

06 라인(Line) 생산과 일체형(객공) 생산의 차이점

라인(Line) 생산은 대량의 제품을 생산속도를 높여 작업할 수 있도록 여러 개의 유닛 (Unit)으로 분리하여 개인별로 부분품을 제작하고 이러한 부분품을 조립하여 완성품을 만드는 방식이다. 라인 생산 과정에서 부분품 중 하나라도 불량이 발생한 경우 라인 전체 가 멈추게 되므로 라인의 중간중간에 품질 검사 및 진척 관리 등을 반드시 실시한다.

일체형(객공) 생산은 소량의 제품을 균일한 품질로 생산하기 위한 방법으로 생산자 개인 이 세부 부분품부터 완성품까지 제작하게 되므로 생산 속도가 라인생산보다는 훨씬 느리 다. 그러나 라인에서 생산할 수 없는 소량 생산이 가능하며, 난이도가 높은 고품질의 제품 을 생산하기에 적합하다.

07 계획생산과 주문생산의 차이점

계획생산(예측 생산)이란 시장의 수요 등을 감안하여 생산계획을 수립한 뒤에 사전 또는 비수기에 제품을 생산하는 방식을 말한다.

주문생산(수주생산)이란 고객이나 사입 판매점의 주문을 받고 나서 제품을 생산하는 방 식을 말한다.

계획생산을 하게 되면 반드시 제품의 과부족이 생긴다. 그럼에도 불구하고 계획생산을 하는 이유는 고객이 희망하는 납기를 제때에 맞추기 위해서이다.

08 오더 메이드(Order made)와 리오더(Reorder)의 차이점

❶ 오더 메이드(Order made)는 생산 시 디자이너가 작성한 작업지시서에 의거하여 제품 을 만드는 방식이다.

❷ 리오더(Reorder)는 제품의 판매기간 중 판매량이 많은 상품을 반복해서 생산해 내는 방식이다. 리오더 시 가장 중요한 요소는 신속성으로 판매시점을 놓치게 되면 판매가 격을 낮추거나 재고상품이 되어 기업의 수익성에 문제가 발생된다.

09 소품종 대량생산과 다품종 소량생산의 차이점

소품종 대량생산은 수출 주도형 산업구조 시 성행한 방식으로 아이템(Item)을 특화시켜 전문성을 유지하면서 대량생산으로 비용을 절감하고 생산속도를 높여 수익을 창출하는 방식이다. 가장 저렴하게 생산할 수 있으며 적은 마진(Margin)구조를 가지고 있다.

다품종 소량생산의 경우 소비자의 욕구에 맞춰 다양한 상품을 구비하려는 소매점에 초점이 맞춰진 방식으로 다양한 아이템을 전개해야 하므로 아웃 소싱(Out sourcing) 형태의 생산이 많고, 소량생산이므로 상대적으로 원가구조가 높다. 또한 다양한 제품인 만큼 다양한 방식으로 순환을 시켜야 하며 리오더의 활용이 많은 방식이다.

10 생산관리 매니지먼트 사이클의 정의

경영활동의 유기적 요소로 계획(Plan) − 실행(Do) − 평가(See)가 기본적으로 사용되는 개념으로 기업의 목표를 정하고 이에 따른 전략을 수립하여 실행을 추진하고, 성과를 분석하여 결과를 다시 피드백(Feedback)하는 일련의 과정이 순환 반복적으로 이루어져 효과적인 이윤추구를 하게 된다.

11 생산관리 매니지먼트 사이클에서 '계획(Plan)'의 정의

계획(Plan)은 구체적이고(Specific), 측정 가능한 형태로(Measurable), 달성 가능하고(Achievable), 현실적이면서(Realistic), 시기 적절하게(Timely) 작성해야 한다. 즉, 약자대로 SMART하게 세워졌는지를 확인하면 된다.

12 생산관리 매니지먼트 사이클에서 '실행(Do)'의 정의

실행(Do)은 정보의 전달과 구성원의 공감과 융합이 실질적으로 업무를 추진토록 하는 원동력이다.

13 생산관리 매니지먼트 사이클에서 '평가(See)'의 정의

평가(See)는 주기적으로 실행한 결과에 대한 분석을 통하여 목표 달성 여부와 성과를 분석하여 목표를 수정하거나 계획을 보완하든지, 실행 방법의 개선을 통해 효과적인 방안을 찾아가는 과정이다.

14 TPS(도요타 생산방식)의 핵심

도요타식 생산의 핵심은 종합력에 있으며 이를 통해 각종 낭비요소를 철저하게 배제하고 있다. 낭비의 요소들로는 과잉생산, 재고, 불량, 작업대기, 운반, 가공, 동작 등이 있다.

15 칸반 시스템(看板, System)

칸반은 위치의 변화에 따라 입고칸반, 생산칸반, 인수칸반으로 나눌 수 있다. 이 세가지는 기본적인 사고 방식은 동일하나 수행하는 방법이 약간씩 다르다. 칸반시스템의 핵심은 칸반의 수를 제한함으로써 유통량이나, 재고의 상한선을 자연스럽게 통제하는 데 있다. 전체 공정의 진행은 밀어내기(Push형) 식이 아닌 채우기(Pull형) 식의 통제방식을 취한다.

16 제조번호 시스템의 장점

패션제품의 생산에 일반적으로 적용하는 제조번호시스템은 누구나 이해하기 쉬운 것이 가장 큰 장점이다. 제조번호만으로도 제품의 생산시기부터 어떤 아이템이고, 어떤 컬러와 사이즈인지를 알 수 있고, 외형으로는 같은 제품이라도 컬러가 달라서 생긴 생산 로트의 차이까지도 알 수 있다. 또한 제조번호는 계획 수립 시 제품의 구분이 필요할 때라든지, 제품별 원가계산을 할 때, 제품의 작업지시서, 작업전표, 출고전표 등에 기입되어 실적치를 분류 집계할 때 사용된다. 또한 원·부자재의 납품서 등에 기입되어 준비상태나 진척을 파악할 수도 있다.

17 바코드(Bar code)의 유용한 점

바코드에는 생산국, 제조업체, 상품유통, 유통경로 등이 저장되어 있고 판매 시 판매량, 금액 등의 각종 정보를 집계할 수 있다. 따라서 바코드를 사용하면 판매시점 정보관리 (POS ; Point Of Sales)시스템을 통해 즉시화된 정보를 얻을 수 있다.

18 QR코드로 세우는 개인홍보 전략

QR코드 만들기 사이트를 이용하여 누구나 자신만의 QR코드를 만들 수 있으며 개인 명함 에 프린트하여 스캔을 하면 개인 블로그(Blog)나 트위터(Twitter) 등의 SNS계정으로 이 동되어 개인의 홍보에도 사용된다.

19 SNS 시스템(Sequence Numbering System, 누계번호 시스템)의 정의

어떤 제품을 생산하는 데 있어 필요한 원 · 부자재의 계획과 진척, 완성품의 누계수량 등을 파악하기 위해서 제품 하나하나에 관련된 번호를 부여하는데, 이를 누계번호 (Sequence number)라고 한다. 이는 계획 데이터와 실적 데이터를 수집 작성하는데 간단 하면서 이원화하여 관리하기 쉽다. 특히 대량생산 제품으로 여러 라인에서 생산하는 방 식으로 생산량의 합산이 필요하거나, 계속형 생산 방식으로 이월재고가 발생하였을 경우 계산의 출발점이 된다.

생산의 진행 정도를 계획 데이터와 비교하여 차기 계획의 생산 품목, 일정, 공정 등을 유 용하게 조정할 수 있는 생산관리 기법이다.

20 패션제품 생산 시스템의 종류

❶ 스트레이트 라인 시스템(Straight Line System)
❷ 싱크로나이즈드 라인 시스템(Synchronized Line System)
❸ 번들 시스템(Bundle System)
❹ 블록 시스템(Block System)
❺ 페어 시스템(Pair System)
❻ JIT시스템(Just In Time System)

21 항장식(恒長式)과 항중식(恒重式)의 차이점

실의 굵기를 나타내는 방법에서 항장식은 일정 기준의 길이에 따른 단위 중량을 말하며, 항중식은 일정 기준의 중량에 따른 단위 길이를 말한다.

22 실크나 인조섬유처럼 필라멘트로 된 섬유의 단위

데니어(Denier)

23 1yds는 몇 cm인가?

91.44cm

24 영국식 면(綿) 번수의 정의

1pound(453.5g)의 실이 1타래(840yds)일 때 1수(1s)라고 한다.

25 GROSS(총소요량)과 NET(순소요량)의 정의

제품을 완성하는 데 사용된 원·부자재의 순수한 소요량을 순소요량(NET)으로 표현한다. 그러나 실제 제품을 생산하는 과정에서는 원단 재단 시 발생되는 여유분량이 필요하고, 허용 가능한 한도 내의 원·부자재의 결함(Defect)으로 인해 불량제품이 발생하였을 때 발주된 수량에 맞춰 생산하기 위해서는 원·부자재가 순소요량(NET)과 추가적인 여유분(Allowance)이 필요하다. 따라서 총소요량(GROSS)은 순소요량(NET)에 손실(Loss)을 포함하고 있는 상태를 말한다.

26 구매관리의 정의

제품생산에 필요한 원·부자재를 될수록 유리한 가격으로, 필요한 시기에 적당한 공급자로부터 구입하는 것을 구매관리(Purchasing management)라 한다.

27 구매관리 기법 5가지

❶ 구매조사법
❷ 가치분석법
❸ 표준화 및 단순화법
❹ ABC분석
❺ 경제적 주문량

28 구매관리 기법 중 '표준화'를 하는 이유

표준화는 생산활동을 하는 데 있어서 재료나 부품을 정상이 되는 기준을 정한 후 구입하고, 그 기준에 맞는 작업방법을 사용하여 구매원가를 절감하는 기법이다. 이와 같이 재료나 부속품 그리고 그 작업방법을 표준화함으로써 대량구매의 이점을 얻을 수 있고, 또 작업과정에서 노무자들이 빨리 그 작업에 숙달됨으로써 노동능률이 향상되어 원가절감이 가능해진다.

29 패션제품 생산을 위한 원·부자재 구매의 흐름

원·부자재의 구입은 원·부자재의 자체 평가회를 거치거나 완성품의 품평회 또는 수주회를 거쳐 품질과 수량 등이 결정된다. 이에 따라 기획 부서에서는 '사용계획서'를 작성하는데 품질의 기준이 되는 혼용율, 재질, 조직의 형태, 폭, 두께, 밀도, 중량, 번수, 크기 등의 사양(Spec)을 확정하고, 필요색상, 필요량에 대해 기재하여 구매부서로 이관한다. 구매부서는 '가치분석'을 통해 주문 생산할지 또는 대체품을 사용할지를 결정하고, '시장조사'를 통해 업체를 선정하여 수량, 납품기한, 인도조건, 대금지급 방법을 확정하여 '발주서'를 발급한다.

이후 구매 부서에서는 물품의 입고 전까지의 진행 상황에 항상 주의를 기울여야 한다. 원·부자재는 입고 전 외주 협력업체에서 실제 입고 제품의 일부분을 샘플로 제시하는 '입고 컨펌 의견서'를 구매부서와 기획부서에서 확인받아야 한다. 이에 입고 결정이 나면 '시험성적 결과서'를 첨부하여 자재 창고에 가입고되며 자재창고에서 검사를 통해 불량 여부를 판단하여 실입고를 잡는다. 이후 생산계획에 따라 사용하게 된다.

30 패션제품 제조원가의 정의

패션제품을 제조하는 데 소비되는 자재와 인건비, 그리고 경비 등의 합계 금액을 제조원가(Manufacturing costs)라 한다.

31 패션제품 세부견적서의 기본내역

공급 가능한 제품의 내역을 기재하고 소요되는 원단과 부자재, 인건비 그리고 제반 비용 등을 적산(積算) 형태로 기술한다.

32 원단의 혼용율 표시방법

원단의 생산업자 또는 가공업자는 섬유의 조성 또는 혼용율을 직물의 양변이나 직물의 필단위 끝부분 또는 말대에 제직, 날염, 금은박, 프린트나 떨어지지 않는 방법으로 표시하여야 한다. 다만, 모직물 및 모혼방 직물은 직물의 양변 2m(또는 2m이내)마다 제조(가공)자명(또는 수입자명) 및 섬유의 조성 또는 혼용율을 표시하여야 한다.

33 취급주의 표시에서 제조자의 명칭 부기에 기재되어야 할 항목

제조자명, 제조자의 주소 또는 전화번호(지역번호 포함)를 표시하여야 한다.

수입품의 경우는 제조국명, 제조연월, 수입자명, 수입자의 주소 또는 전화번호(지역번호 포함)를 표시하여야 한다.

34 물세탁 표시방법 중  기호

물의 온도 30℃를 표준으로 하여 약하게 손세탁 할 수 있다(세탁기 사용 불가)

세제 종류는 중성세제를 사용한다.

35 표백의 가부 표시방법 중 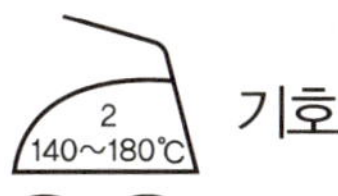 기호

염소계 표백제로 표백할 수 없다.

36 다림질 방법 표시방법 중  기호

헝겊을 덮고 온도 140∼160℃로 다림질을 할 수 있다.

37 드라이클리닝 방법 표시방법 중  기호

드라이클리닝은 할 수 있으나 각 가정에서는 할 수 없고, 전문점에서만 할 수 있다.

38 건조 방법 표시방법 중 옷걸이 기호

옷걸이에 걸어서 그늘에서 건조시킬 것

39 시험검사법 중 치수변화율의 용도

직물이나 편성물의 가공 시 줄어드는 정도를 평가하거나 원단이나 봉제품을 세탁이나 드라이클리닝하였을 때 줄거나 늘어나는 정도를 평가하기 위해 시험

40 시험검사법 중 염색견뢰도의 용도

염색물의 염색 가공공정 또는 그 후에 사용 중에 미치는 화학적 · 물리적인 인자의 작용에 대한 염색물의 색의 저항성을 평가하기 위해 시험

41 섬유물리 평가항목

섬유 제품의 기본 조직과 중량, 밀도, 번수를 평가하고 물리적인 강도와 신도, 사용상의 내구성 평가에 필요한 마모강도, 필링, 신장회복율 시험 등을 수행한다.

42 섬유제품의 혼용율을 감별하는 방법 3가지

❶ 기계적 분리법
❷ 용해법
❸ 현미경법

43 섬유제품의 기능성 시험의 종류

투습도 시험, 방우발수 시험, 흡한속건 시험, 방오방유 시험, 대전방지가공, 보온성 시험 등

44 최종 완제품 검사(Final inspection) 방법 및 종류

완성품을 본사 물류 창고에 입고시키기 전에 상품가치를 소비자 관점에서 검사하는 것으로, 치수검사, 외관검사, 기능검사, 라벨검사, 이화학 검사로 나눌 수 있다.

45 KC 마크

KC 마크(Korea Certification 국가통합인증마크)로 품질경영 및 공산품안전관리법에 의해 소비자의 생명이나 신체상의 위해 우려가 있는 공산품에 대해 제조, 수입, 유통, 판매자가 공장출고 전 또는 수입통관 전에 시험을 거쳐 인증마크를 부착하도록 하는 것을 의무화한 법정 제도이다.

46 단계별 품질 검사 중 입고 직전 완제품에서 실시하는 검사 종류

❶ 치수검사 : 제품 부위별 치수 확인
❷ 외관검사 : 좌우 균형, 봉제상태, 부속품 결속, 마감상태 등 검사
❸ 기능검사 : 스냅, 단추, 지퍼의 작동 여부, 특수 기능의 적합성
❹ 완제품 물성검사 : 완제품의 내세탁성, KC 테스트

47 EOQ(Economic Order Quantity)

경제적 주문량으로 원·부자재를 구입 시 구입에 따른 주문비용이나 재고유지비 등을 고려하여 가장 경제적이라고 판단되는 1회 구입 물량이다.

그러나 경제적 주문량은 재고비용의 감소효과가 있지만 로트(Lot)별 차이가 발생한다.

48 패션제품에서 로트(Lot)의 차이가 나는 경우

원단의 경우 한 번에 염색할 수 있는 양이 한정되어 있기 때문에 이색이 발생되고, 생산방법에서도 하나의 공장에서도 생산 라인(Line)이 다르면 다른 품질의 제품이 생산된다. 또한 하나의 제품도 상황에 따라 공장을 달리 써야 하는 경우도 있고, 생산 관리상 1회에 전량을 생산해 내는 것이 아니라 일부 자재를 남겼다가 시장상황에 맞춰 유동적인 생산방식을 취할 경우에도 로트의 차이가 발생한다.

49 원단의 절내 이색으로 로트(Lot) 문제 발생 시 대처방안

근접 마카와 넘버링 작업

50 원 · 부자재 클레임(Claim)의 유형

클레임(Claim)의 유형은 크게 품질, 형태, 색상, 진행으로 나눌 수 있다.

51 원 · 부자재 클레임(Claim) 제기 시 준비해야 하는 것

❶ 품질 : 검단 또는 검사 결과에 따라 관용적으로 인정되는 범위를 초과하는 부분의 불량에 대해서는 구매처의 규정에 의해(국제 관례는 3~5% 이하) 클레임(Claim)을 제기한다. 이때 검단 결과표(Inspection note)와 증거물(Evidence)을 같이 제시하여야 한다.

❷ 형태 : 최초 제시된 샘플(Reference sample)과 확연한 차이가 있을 시에 제기가 가능하며 제시샘플(Reference sample)과 입고된 원 · 부자재 샘플(Main sample)을 같이 제시하여야 한다.

❸ 색상 : 최초 제시된 샘플(Reference sample)과 확연한 차이가 있거나 또는 입고된 원 · 부자재 낱개(Piece)별로 차이가 있을 경우, 1개(Piece)에서도 부위별로 차이가 있을 경우 제기한다. 증거물(Evidence)은 경우에 따라서 모든 잘못된 부위를 준비하여야 한다.

❹ 진행 : 납기의 지연, 계약 서류상의 규약을 위반하였거나, 독점(Exclusive) 사용 계약을 위반 시 제기된다. 대부분 제품의 입고 시나 선적 전에 알 수 있다. 따라서 조치도 입고나 선적 전에 이루어질 수 있다. 단가조정, 신용장 수정(L/C Amend) 등의 방법으로 처리한다.

MEMO

Fashion Products Management

CHAPTER **08**

일정관리

간트차트와 스케줄링

01 간트차트 (Gantt chart)

생산계획의 수립이나 일반 업무의 스케줄을 만들 때에 가장 많이 사용되는 형태가 간트차트(Gantt chart)이다.

간트차트는 계획과 실제 작업량이나 업무를 시간과 견주어 평가하여 보기 쉽게 막대그래프로 그려 보여준다.

02 간트차트의 종류

여러 가지 형태의 간트차트가 있으나 패션제품 생산관리에 많이 쓰는 유형으로 작업할당표, 계획 대비 실적표, 진도관리표 등이 있다.

❶ **작업할당표** : 세로축에 작업자나 작업 라인 등이 계정으로 들어가고 일정별 작업내용을 막대그래프로 그린다. 이때 업무 별로 다른 컬러나 다른 형태로 표시하여 구분해 준다.

❷ **계획 대비 실적표** : 세로축에 품목이나 작업자 등이 나열되고, 목표일정과 실적을 같이 기록하여 작업의 부하 정도를 알 수 있다.

❸ **진도관리표** : 세로축에 업무가 일어나는 순서에 입각하여 나열해야 하고, 막대 그래프로 업무를 수행하는 기간을 설정하여 그리게 된다. 일반적인 업무스케줄에 가장 많이 쓰이는 유형이다.

| 작업할당표 간트차트 예제 |

개정	7월											
	7/1	7/2	7/3	7/4	7/5	7/6	7/7	7/8	7/9	7/10	7/12	7/12
A팀												
B팀												
C팀												
D팀												
E팀												
F팀												

| 계획 대비 실적표 간트차트 예제 |

품목	7월											
	7/1	7/2	7/3	7/4	7/5	7/6	7/7	7/8	7/9	7/10	7/12	7/12
JK001												
JK002												
JK003												
SL001												
SL002												
VT001												

| 진도관리표 간트차트 예제 |

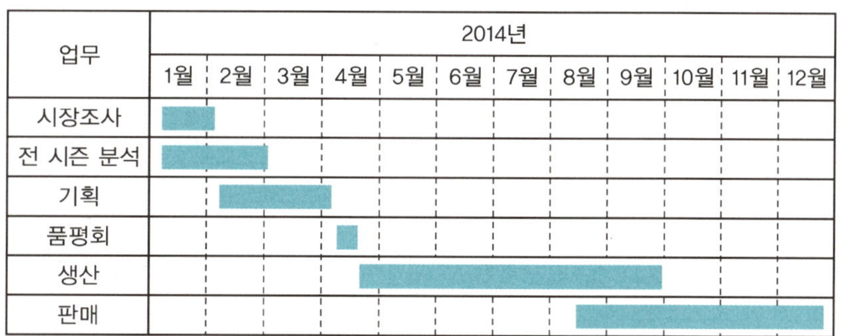

업무	2014년											
	1월	2월	3월	4월	5월	6월	7월	8월	9월	10월	11월	12월
시장조사												
전 시즌 분석												
기획												
품평회												
생산												
판매												

03

스케쥴링
(Scheduling)

일정계획을 수립할 때에는 전체계획을 세우고 더욱 세분화된 계획을 수립하게 된다. 그러나 작업현장에서는 수많은 변수가 있으므로 작업현장에서 어떤 일을 해야 할지를 구체화시키는 스케쥴링(Scheduling) 작업이 필요하다. 작업을 어떤 순서로 해야 생산성을 높일 수 있는지, 작업의 우선순위가 무엇인지 등을 시시각각 변화하는 현장에서 리얼타임으로 결정해야 한다.

요즘은 APS(Advanced Planning and Scheduling, 자동화 스케쥴링)이 개발되어 전문가나 숙련자의 지식을 컴퓨터로 빠르고 쉽게 구현한다.

작업할 제품의 고유특성을 고려하여 최적의 알고리즘(Algorithm)을 선택하여 정확한 일정관리를 하게 해준다. 또한 여러 제약조건의 변화에 따라 제작상황을 유연하게 변동시켜 주어 납기를 준수하기 위한 여러 가지 대안을 찾아주기도 한다.

스케쥴링의 변화

일정계획과 진척관리

01
일정계획

일정계획은 각 공정의 생산능력을 고려하여 공정 하나하나에 기일을 지정하여 그 일정대로 맞게 이루어지는가를 체크하는 기능이다. 이러한 일정계획이 없으면 제품의 납기를 맞추기 위한 통합관리가 이루어지지 않는다.

일정계획을 수립하는 방법은 포워드 계획(Forward plan)과 백워드 계획(Backward plan)으로 나눌 수 있다. 포워드 계획은 생산 개시일을 기점으로 공정별 작업기한을 설정하여 각 공정들을 연결하여 조합하면 최종 납기가 나오는 방식이고, 백워드 계획은 최종 납기일을 맞추고 이를 역산하여 생산 개시일을 정하는 방식이다.

홈쇼핑이나 오프라인 매장 브랜드의 시즌 오픈 제품들은 판매시점이 정확히 정해져 있기 대문에 대부분 백워드 계획으로 일정계획을 수립하고 있으며, 비수기 생산품목이나 생산기간이 긴 남성복 등은 포워드 계획으로 일정계획을 수립한다.

포워드 계획과 백워드 계획

02 진척관리

진척관리는 생산관리 매니지먼트 사이클의 계획(Plan)－실행(Do)－평가(See)가 반복적으로 이루어지면서 조정되고 통제하는 시스템이다.

진척관리는 단순한 업무 보고가 아니라 지연을 사전에 예방하고 차기 계획을 수립하는 데 중요한 자료이므로 신속 정확하여야 한다.

따라서 미리 준비하는 사고방식과 리얼타임(Real time)으로 보고되어 회복을 위한 행동이 빠르게 이루어질 수 있도록 해야 한다. 또한 진척관리는 계획 대비 실적의 보고이므로 계획에서 사용하는 단위와 실적 보고에서 사용하는 단위를 일치시켜야 한다.

진척관리의 보고서 양식은 계속 생산형(또는 계획생산)과 단납기 생산형(또는 주문생산)에 따라 나눌 수 있고 목적에 따라 다른 형식으로 작성된다.

계속 생산형 진척관리 보고서는 일일보고서 형식으로 작성되며, 각 공정별 목표대비 실적과 편차를 기재하여 문제점 발생 시 목표를 조정하거나 원인을 파악하여 인원을 조정하거나 공정을 개선해야 한다.

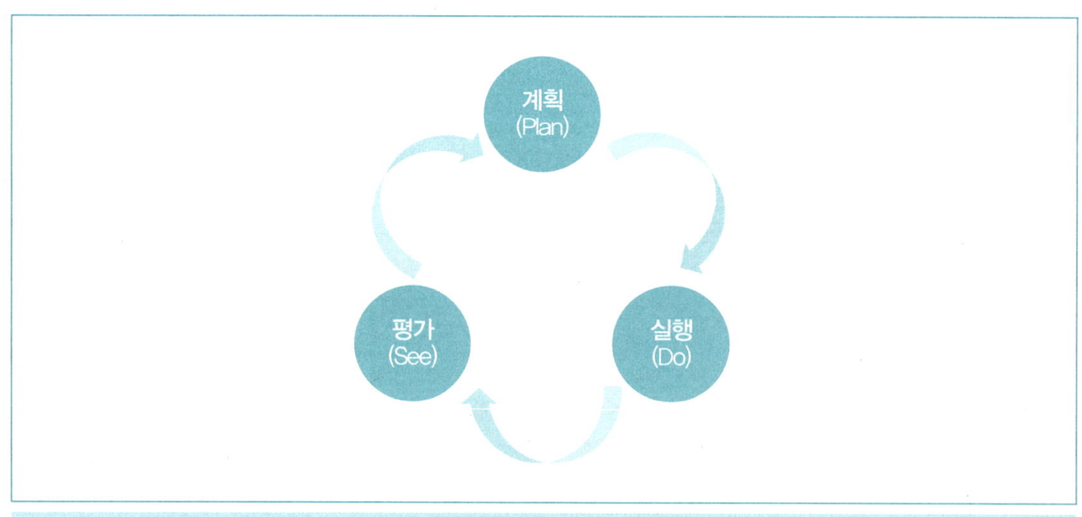

생산관리 매니지먼트 사이클

| 계속 생산형 진척관리 보고서 양식 예제 |

공정	일정	7/1(월)			7/2(화)			7/3(수)			7/4(목)		
	구분	목표	실적	편차	목포	실적	편차	목표	실적	편차	목표	실적	편차
재단	A팀	200	0	−200	200	200	+0	250	210	−40	220	220	+0
	B팀	200	200	+0	200	210	+10	250	220	−30	220	220	+0
	합계	400	200	−200	400	410	+10	500	430	−70	440	440	+0
봉제	A팀	150	155	+5	150	160	+10	160	160	+0	160	160	+0
	B팀	150	140	−10	150	145	−5	140	140	+0	140	140	+0
	합계	300	295	−5	300	305	+5	300	300	+0	300	300	+0
완성	A팀	125	150	+25	125	150	+25	125	160	+35			+0
	B팀	125	150	+25	125	160	+35	125	170	+45	160	160	+0
	합계	250	300	+50	250	310	+60	250	330	+80	160	160	+0

단납기 생산형 진척관리 보고서는 제품의 생산 개시부터 납품까지 공정 전반의 기간 동안 관리되도록 작성되어야 하고, 누계목표가 설정되고 누계실적과 진척율이 기재되어 다음 공정으로 이관 시 지연이나 문제점이 발생되지 않도록 관리되어야 한다. 또한 하나의 표에 전체 공정을 망라하여 기재하여 종합적으로 볼 수 있도록 하며 누계곡선그래프를 사용하여 한눈에 흐름을 파악할 수 있도록 작성한다. 단납기 생산형 직척관리 보고서도 역시 실시간으로 기재하여 문제점 발생 시 피드백(Feed back)하여 원인을 파악하고 목표를 조정하며 문제점을 개선하여야 한다.

| 단납기 생산형 진척관리 보고서 양식 예제 |

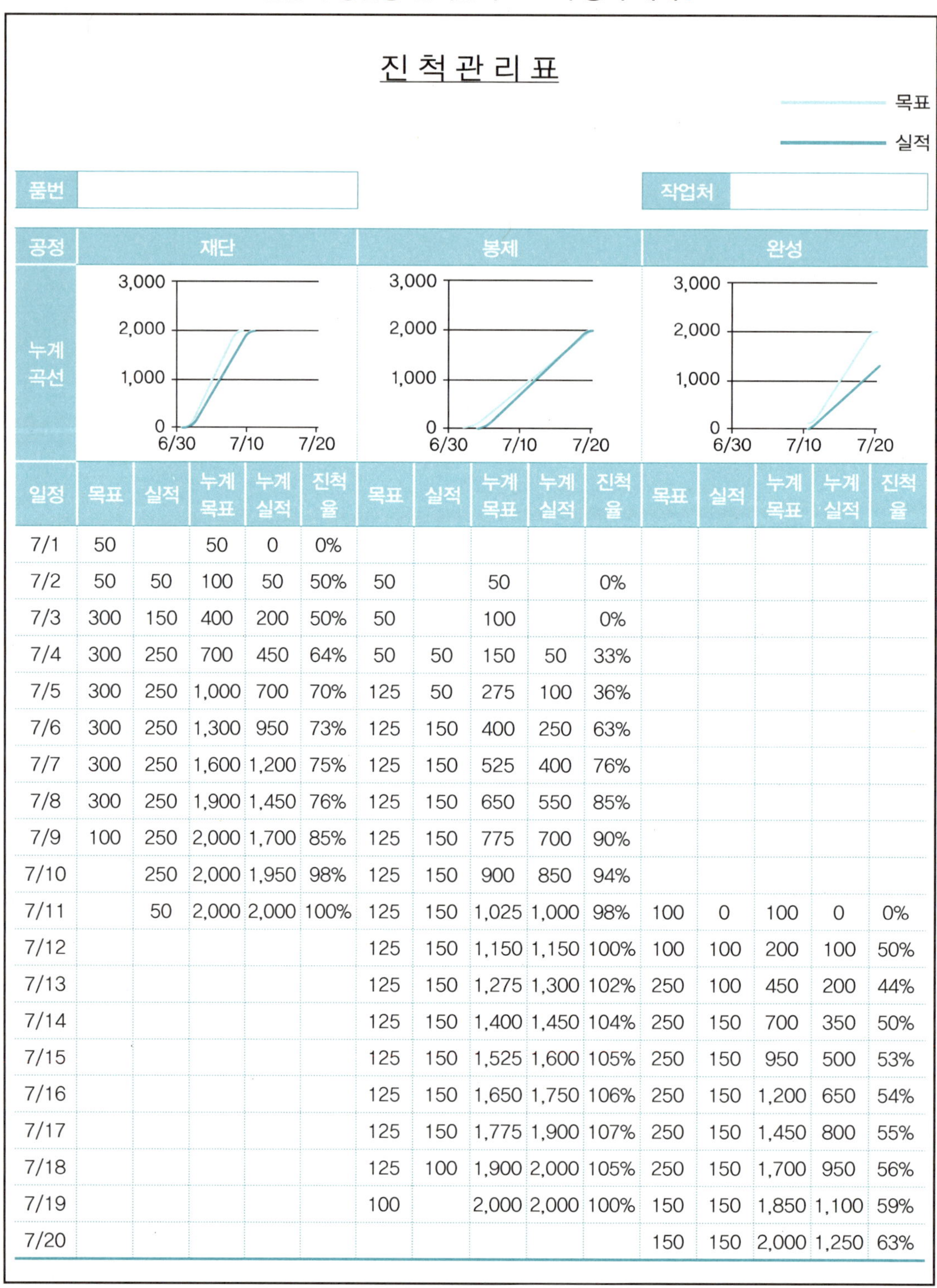

진 척 관 리 표

일정	목표	실적	누계목표	누계실적	진척율	목표	실적	누계목표	누계실적	진척율	목표	실적	누계목표	누계실적	진척율
7/1	50		50	0	0%										
7/2	50	50	100	50	50%	50		50		0%					
7/3	300	150	400	200	50%	50		100		0%					
7/4	300	250	700	450	64%	50	50	150	50	33%					
7/5	300	250	1,000	700	70%	125	50	275	100	36%					
7/6	300	250	1,300	950	73%	125	150	400	250	63%					
7/7	300	250	1,600	1,200	75%	125	150	525	400	76%					
7/8	300	250	1,900	1,450	76%	125	150	650	550	85%					
7/9	100	250	2,000	1,700	85%	125	150	775	700	90%					
7/10		250	2,000	1,950	98%	125	150	900	850	94%					
7/11		50	2,000	2,000	100%	125	150	1,025	1,000	98%	100	0	100	0	0%
7/12						125	150	1,150	1,150	100%	100	100	200	100	50%
7/13						125	150	1,275	1,300	102%	250	100	450	200	44%
7/14						125	150	1,400	1,450	104%	250	150	700	350	50%
7/15						125	150	1,525	1,600	105%	250	150	950	500	53%
7/16						125	150	1,650	1,750	106%	250	150	1,200	650	54%
7/17						125	150	1,775	1,900	107%	250	150	1,450	800	55%
7/18						125	100	1,900	2,000	105%	250	150	1,700	950	56%
7/19						100		2,000	2,000	100%	150	150	1,850	1,100	59%
7/20											150	150	2,000	1,250	63%

03 진척관리 전략

진척관리에서 재고 수량의 파악은 매우 어려운 일이다. 장부상 재고와 실제 재고가 일치하지 않는 것이 일반적이다. 이 현상의 대부분의 원인은 정보의 지연에서 발생되므로 신속성과 정확성을 높이기 위한 전략이 필요하다.

❶ **리얼타임(Real time)** : 제품이 이동하면 즉시 재고 수량을 갱신해야 한다. 바코드를 스캔하거나, 카운터 기계 등을 사용하여 실시간 반영되도록 한다.

❷ **유닛(Unit)화** : 일정 로트(Lot)를 담을 수 있는 상자나 팔레트(Pallet)를 사용하면 제품을 낱개씩 세지 않고 유닛(Unit)별로 카운트하여 관리가 편하다.

❸ **이동 중 재고의 고려** : 제품이 이동 중인 경우 어느 공정에도 속하지 않아 누락되는 경우가 많으므로 이동되는 거리를 줄이도록 공정을 설계해야 하고, 또한 이동 중 재고를 어느 한 공정에 소속시키거나 이동을 공정으로 인식하는 규정을 만들어 책임을 명확히 해야 한다.

❹ **책임담당자** : 관리자는 모든 공정의 현황을 동시에 파악해야만 효과적인 진척관리가 되므로 각 공정별 책임담당자를 두어 상시 보고할 수 있는 조직을 구성하여야 한다.

패션기업의 연간 스케줄

01
**패션기업의
연간 업무
스케줄 작성**

상품의 판매 시즌은 전통적으로는 봄, 여름, 가을, 겨울의 4계절로 나눌 수 있으나 최근 봄과 가을이 짧아지고 있는 계절적 영향으로 봄과 가을을 간절기 개념으로 물량을 적게 기획하고 여름과 겨울은 초두와 성수기로 분리하여 6개 시즌으로 구분하여 운영하기도 한다. 또한 사입 위주의 브랜드는 월별 기획으로 12개 시즌으로 구분하여 운영하기도 한다.

실제적인 원단에 대한 상담은 프리미에르 비종(Premiere Vision, 파리 국제원단 박람회) 2~3개월 후(판매시즌 시작 7~8개월 전) 수입원단부터 상담하게 되고, 국내원단은 프리미에르 비종 6개월 이후에 본격적인 상담이 이루어진다. 원단 상담 후 물량기획과 컨셉 설정단계를 거쳐 사용할 소재를 확정하게 되는데 이는 품평회 50~60일 이전에 하여야만 어드반스 랭스(Advance length, 샘플용 원단)가 도착하여 샘플(Sample)을 제작할 시간적 여유가 있다.

품평회는 최초 생산 입고 80~120일 이전에 실시되어야 한다. 이는 원자재 생산 공기(Wool 기준 60~90일 연사－제직－염색－가공 등의 공정을 기준으로)와 봉제기간(15~30일)을 감안한 기간인 것이다.

제품의 입고 및 출고는 생산공장의 월 마감 기준과 직전 시즌 세일(Sale) 끝물 무렵을 잘 선정하여야 한다. 제품의 생명주기는 최장 100일(여름, 겨울 시즌 세일 전 정상판매기간을 기준으로)에서 최소 45일(봄, 가을 시즌 마지막 출고분)이 되므로 항상 제품의 판매기간 및 제품의 시즌성을 고려한 출고 시점을 결정하여야 한다.

부진을 처리하는 시점은 봄과 가을은 변화가 현격하므로 세일 이전에 조치를 취하여야 하며 여름과 겨울은 세일 이후에도 변화가 적거나 2차 세일 시에 처리할 수 있는 기간이 있다. 세일의 실시 여부는 판매 진도율 및 영업 전략과 밀접한 관련이 있다.

| 연간 업무 스케줄 예제 |

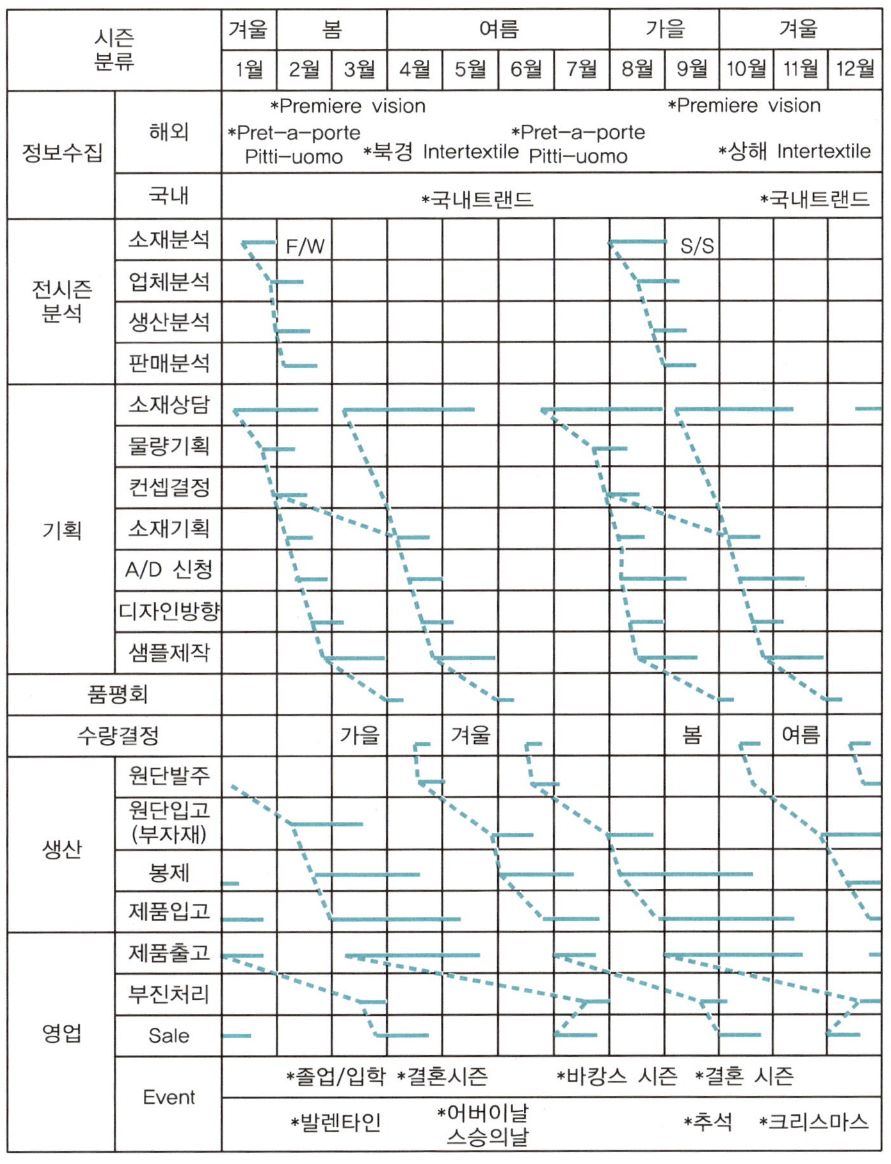

시즌 분류		겨울	봄		여름				가을		겨울		
		1월	2월	3월	4월	5월	6월	7월	8월	9월	10월	11월	12월
정보수집	해외	*Pret-a-porte Pitti-uomo	*Premiere vision			*북경 Intertextile		*Pret-a-porte Pitti-uomo		*Premiere vision	*상해 Intertextile		
	국내				*국내트랜드						*국내트랜드		
전시즌 분석	소재분석		F/W							S/S			
	업체분석												
	생산분석												
	판매분석												
기획	소재상담												
	물량기획												
	컨셉결정												
	소재기획												
	A/D 신청												
	디자인방향												
	샘플제작												
품평회													
수량결정					가을	겨울				봄		여름	
생산	원단발주												
	원단입고 (부자재)												
	봉제												
	제품입고												
영업	제품출고												
	부진처리												
	Sale												
	Event	*졸업/입학 *결혼시즌 / *발렌타인			*바캉스 시즌 *결혼 시즌 / *어버이날 스승의날					*추석 *크리스마스			

02

아이템별 출고 스케줄

봄 슈트(Suits)와 여기에 코디되어 판매되는 셔츠(Shirts)는 12월 겨울 세일 (Sale) 행사 시 선보일 수 있도록 하며, 비교적 계절감이 있는 단품인 스웨터 (Sweater), 티셔츠(T-shirts)는 1월에 출고한다.

여름 슈트(Suits)는 졸업/입학 시즌과 결혼 시즌을 겨냥한 선 구매 고객에게 팔 수 있도록 2월부터 출고하며 단품들은 매장의 신선감을 주기 위해 3월에 출고한다.

계절적으로 여름이 느껴지는 시기가 되면 이지자켓(Easy Jacket), 점퍼 (Jumper), 단품 슬랙스(Slacks) 등을 출고하여 매장 분위기를 바꾸어 주고 6~7월에는 반바지, 프린트(Print) 상품, 바캉스 펙키지(Package) 상품으로 시즌감과 매장의 신선감을 주어야 한다. 그러나 늦게 출고하는 만큼 판매기 간이 짧기 때문에 판매기간을 고려한 적절한 물량으로 출고시켜야 한다.

가을 슈트(Suits)는 추석 이전 출고되어 결혼시즌까지를 대비하여야 하며 추 석 직전 또는 직후로 단품류인 스웨터(Sweater), 하프코트(Half Coat), 가죽 (Leather)를 출고하여 선 구매 고객 및 대목에 대비해야 한다.

겨울 제품들은 스키장 개장과 비슷한 시기에 맞춰 10월 하순부터 패딩 (Padding)이나 다운(Down)류 그리고 롱코트(Long Coat), 더블 페이스 (Double Face) 같은 헤비 가먼트(Heavy garment) 등을 출고하여 겨울 성수 기를 대비한다.

| 아이템별 출고 스케쥴 예제 |

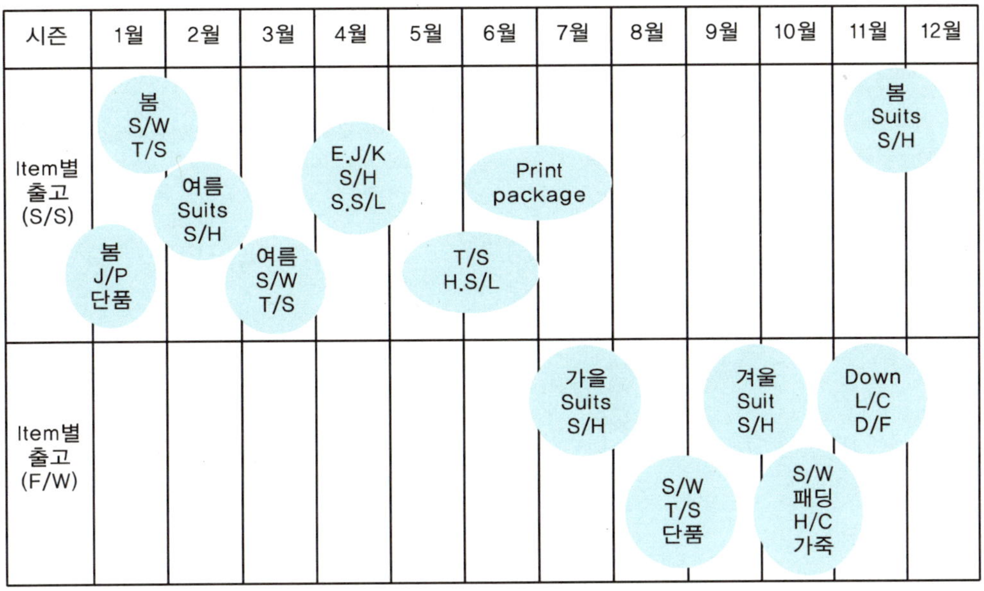

시즌	1월	2월	3월	4월	5월	6월	7월	8월	9월	10월	11월	12월
Item별 출고 (S/S)	봄 S/W T/S / 봄 J/P 단품	여름 Suits S/H	여름 S/W T/S	E.J/K S/H S.S/L	T/S H.S/L	Print package					봄 Suits S/H	
Item별 출고 (F/W)							가을 Suits S/H	S/W T/S 단품	겨울 Suit S/H	S/W 패딩 H/C 가죽	Down L/C D/F	

Fashion Products Management

CHAPTER 09

공정관리

작업절차계획

01
공정분석기호

공정분석기호는 과정의 변화에 따라 작업, 검사, 운반, 보관의 4가지로 분류하여 사용한다. 사용기호는 여러 가지의 도식을 사용하나 일반적으로는 아래의 표에 제시된 기호가 가장 많이 사용된다.

작업절차계획을 수립하기 위한 방법으로 공정분석기호를 사용하여 작업절차를 도식화하면 누구나 쉽고 빠르게 이해할 수 있으며 작업을 표준화할 수 있다.

| 공정분석기호 예제 |

명칭	기본 기호	응용 기호	기본 정의	부가 정의 사항
작업	○	○	제품이 가공되는 상태	작업내용, 작업시간
		⑤	제5공정 작업	작업자, 작업 로트
검사	□	□	양의 검사	검사항목, 검사방법, 검사기준
		◇	질의 검사	사용 계측기
		◈	양과 질의 검사	불량율, 불량내용, 불량원인
운반	○ (작은 원)	Ⓜ	남자가 운반	운반수단, 운반거리
		Ⓣ	트럭으로 운반	운반횟수, 운반조건
보관	△	△	소재의 보관	보관수량, 단위, 용기
		▽	제품/반제품 보관	입 · 출고방법
		▽	공정 간 대기	적체장소, 적체방법, 적체기간

02 작업절차 계획의 수립

모든 제품을 처음 만들 때에는 공정을 데이터베이스화 해야 한다. 그래야만 동일제품을 만들 때 작업순서가 표준화되어 있어 반복생산할 수 있고, 유사 제품의 경우에도 이를 참조하여 작업절차를 빠르고 효율적으로 수립할 수 있다.

작업절차계획의 수립 시에는 공정의 순서뿐만이 아니라 작업의 세부적인 컨디션(Condition)을 부가적으로 정의해 줄 필요가 있다. 작업은 내용, 시간, 작업자, 로트(Lot) 등을 정의해야 하고, 검사는 검사항목, 방법, 기준, 사용계측기, 불량율 허용범위, 발생될 수 있는 불량의 내용, 불량의 원인 등이 정의된다. 운반도 수단이나 조건, 횟수, 조건 등이 기재되며, 보관은 보관 수량, 단위, 용기, 입·출고방법, 적체 장소와 방법, 기간 등을 정의해야 한다.

최근 패션제품 생산에 있어서 유사작업이 많은 관계로 작업절차계획 수립이 없이 공정을 진행하는 경우가 많은데 이로 인해 시행착오와 지연이 많이 발생하게 된다. 제품 특성이 다른 제품은 그 특성에 따른 작업절차계획을 세밀하게 세워 공정을 진행해야 한다.

03 패션제품 작업절차 수립 예제

패션제품을 만드는 여러 공정 중 봉제 공정 부분에 대하여 일반적인 방식으로 작업절차계획을 수립하여 다음 페이지에 도식화로 그려 놓았다.

원단은 출고 전에 자재창고에서 정확한 수량과 불량율 등에 대한 품질검사를 하여 출고해야 한다. 원단은 봉제공장에 입고된 후 재단되기까지는 순서를 기다리는 대기상태로 있다가 재단을 하게 된다. 재단한 후 요척(要尺)에 따른 정확한 수량이 재단되었는지 수량검사가 이루어져야 한다. 이후 봉제 라인의 계획에 따라 대기상태로 있다가 봉제에 투입된다. 각 단계별 봉제가 끝나면 품질검사를 통해 사고를 미연에 방지해야 하며 봉제 중에는 컨베이어 벨트를 통해 이동하게 된다.

다림질(Press)이나 완제품 검사를 위해 이동할 때에는 행거(Hanger)를 사용하여 제품의 손상이 없도록 해야 한다. 납품 전까지 완제품 창고에 보관해야 하는데 이 때에는 납품 지시서에 의거한 방법으로 포장ㆍ보관한다.

패션제품 작업절차계획 예제

동작분석

01 공정별 일정계획 수립

생산활동의 시간적 경과는 공정의 순서나 작업경로 등에 의해 결정되므로 작업연구를 통해 동작을 분석하여 프로세스 믹스를 하여야 한다.

효율적인 공정별 일정계획을 세우기 위한 방법은 제품의 흐름에 따라서 수행되는 작업의 순서를 정하는 '작업절차계획'과 작업연구를 통해 불필요한 동작을 제거하고 피로를 줄이는 '동작분석'으로 나눌 수 있다.

작업절차계획은 공정의 순서이므로 제품의 종류, 디자인, 작업자의 숙련도, 납기일 등에 영향을 받아 이에 적합하게 조정해야 한다.

동작분석은 인체에 대한 연구로 효율적인 동작의 반복으로 적정 작업시간을 표준화하는 것이다.

02 작업연구

워크 스터디(Work study)라고도 하며 과학적 관리법의 효시인 F. W. Tailer 의 「시간연구(時間研究)」에서 시작되었다.

작업연구는 작업자의 동작을 분해하여 단순화하고, 불필요한 동작을 적출하여 배제시키며, 필요한 동작만을 적절히 결합시켜 이상적이고 신속한 작업방법을 찾는다.

이러한 연구를 통해 적정한 작업시간을 결정하여 이를 표준화하고, 실제 작업 시 불가피하게 발생하는 지연, 중단, 고장 등의 원인으로 발생되는 여유시간의 한도를 규정한다. 또한 피로회복에 필요한 휴식시간의 한도도 규정하여 작업시간과 휴식시간의 간격을 결정한다.

03 동작분석

경제동작의 원칙에 따라 경제적인 동작의 순서나 조합을 만들어 내는 것으로, 서블리그(Therblig, 동작 시의 움직임을 단순화한 최소단위)를 적게 만드는 방법으로 구현된다.

인간은 모든 작업의 움직임을 몇 개의 기본동작인 손을 든다, 잡는다, 붙인다, 민다, 나른다 등으로 나눌 수 있다. 서블리그(Therblig)란 이렇게 인간의 동작을 목적별로 세분화하여 모든 동작에 공통이 되는 기본동작에 주어진 명칭이다.

경제동작의 원칙은 동작능력 활용의 원칙, 동작량 절약의 원칙, 동작법 개선의 원칙으로 세분화된다.

❶ 동작능력 활용의 법칙

- 오른손잡이는 오른손이나 발을 사용하도록 계획한다.
- 가급적 양손이 동시에 작업을 개시하고 끝내도록 한다.
- 양손이 동시에 쉬지 않도록 한다.

❷ 동작량 절약의 법칙

- 가급적 가장 적은 움직임으로 처리한다.
- 재료, 도구가 손이 닿기 쉬운 위치에 있어야 한다.
- 서블리그(Therblig)를 가장 적게 만든다.
- 작업대상을 오랜 시간 지탱해야 하면 보조 도구를 사용 한다.

❸ 동작법 개선의 원칙

- 동작이 자연스런 리듬을 타야 한다.
- 양손을 움직일 때 반대방향이나 좌우 대칭으로 운동하도록 계획한다.
- 관성, 중력, 자연적인 힘을 이용하게 설계한다.
- 작업 지점의 높이는 피로감을 덜 주는 적절한 높이로 설계한다.

04 외주 공정 관리

POINT

제조 공정 중 기업 자신의 설비나 종업원을 사용하지 않고 외부의 생산자에게 일부의 공정을 위탁하거나 반제품이나 부품을 제조해야 하는 경우를 외주 공정이라 한다.

외주 공정은 설비에 넓은 면적을 사용하거나 고가의 특수기계가 필요하거나 발생빈도가 낮은 업무에 대해 많이 진행하게 되는데, 패션제품의 경우 원자재의 검사(Inspection), 패턴(Pattern), 그레이딩(Grading), 재단(Cutting), 특수 부품이나 부속품(Trimming) 제작 등이 빈번하게 외주생산으로 진행된다.

외주 관리는 외주 품목의 결정, 단가 결정, 원ㆍ부자재의 공급 여부, 납기, 대금결재 등까지를 모두 포괄한 업무이다. 그러나 이 단락에서는 외주 공정 역시 공정의 일부분으로 보고 계획되어야만 통합적으로 생산납기를 맞출 수 있다는 관점에서 외주 거래처에 대한 공정 관리 및 감독을 해야 한다.

05
프로세스 믹스
(Process mix)

공정관리는 단순히 작업절차계획을 수립하고 동작분석을 통해 효율적이고 신속한 방법을 찾는 것만은 아니다.

공정관리란 작업 환경의 변화와 제품의 특성에 따라 생산의 설계부터 계획하고 통제하며 때로는 채산성을 고려하여 외주 공정까지 관리 감독하여 최종적으로 납품하고 판매되는 것까지를 관리하는 것이다.

이러한 넓은 의미의 공정관리는 프로세스 믹스(Process mix)를 통해 발현된다. 다음 그림은 프로세스 믹스의 개념을 도식화한 것이다.

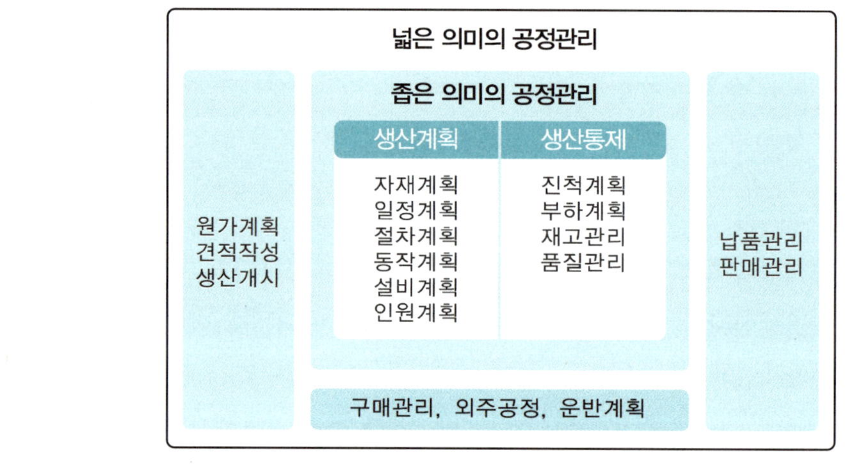

공정관리의 프로세스 믹스

패션제품의 생산 공정

패션제품의 생산 공정은 주문제작(Tailor Made) 방식인지 대량생산 방식인지에 따라 공정의 절차나 순서가 다르다. 대량생산 방식도 제품의 종류와 기업의 규모에 따라 달라지지만 여기서는 일반적으로 적용되는 패션제품의 대량생산 시스템에 대해 설명한다.

01
디자인(Design)
&
샘플(Sample)

디자인(Design)은 소비자 동향과 소재와 착장 트렌드(Trend)를 파악하여 브랜드 아이덴티티(Brand Identity)를 유지하면서도 새로운 디자인을 하는 데서 출발한다.

디자인을 실물로 구체화시키기 위하여 샘플사(Sample maker)가 샘플을 제작하는데 요즈음은 외주를 많이 사용한다. 샘플은 품평회에서 진행 스타일을 결정하기 때문에 원래 의도한 원·부자재로 사용해야 한다. 그러나 원·부자재가 아직 양산되지 않은 경우 최대한 유사한 원·부자재를 사용해야 한다.

디자인된 제품은 품평회를 거쳐 스타일 확정하게 되고 브랜드의 시즌 목표 금액, 포지셔닝(Positioning), 영업전략 등에 따라 제품 하나하나의 수량과 가격이 결정된다.

디자이너는 작업지시서를 작성할 때에 양산을 고려하여 봉제를 빠르고 쉽게 할 수 있는 방법으로 디테일을 수정하거나 전략에 맞게 소재나 부속품을 교체하기도 하고, 작업지시서, 컬러 매칭 차트, 부자재 매칭 차트를 같이 작성하여 작업 시 오류가 발생하지 않도록 해야 한다.

02
패턴(Pattern) & 그레이딩 (Grading)

패턴은 패턴사(Pattern maker)가 제작하는데 브랜드가 추구하는 소비자층 (Targets)에 맞는 계측평균치를 이용하여 사이즈(size) 사양을 주고 평면패턴(Plat pattern) 또는 입체패턴(Draping)으로 제작하거나 때로는 복합적인 방법으로 제작된다. 최초 제작된 샘플 패턴은 여러 단계의 보정을 거친 후 확정 패턴으로 만들어진다.

확정 패턴이 완성된 후에 사이즈 편차에 맞게 그레이딩(Grading)이 이루어지고 공장에 투입되는데 공장에서는 효율을 위한 시접을 변경하거나 수축율을 염두에 둔 패턴 수정을 하는 등의 작업 편의를 위한 보정을 하여 공장 패턴으로 생산에 투입된다.

03
마킹(Marking)

마킹(Marking)은 원단의 폭에 맞게 한 벌~여러 벌의 옷을 만들기 위한 패턴을 배치하는 작업이다. 좁은 공간에 들어갈수록 원가는 낮아지기 때문에 여러 가지 형태로 수많은 경우의 조립이 필요하다. 따라서 대부분의 패션기업들은 컴퓨터를 이용하여 작업하고 있다.

규정된 원단 폭에서 한 벌 분량의 패턴이 배치된 상태의 원단의 길이를 '요척'이라고 하고 내수에서는 그 단위로 야드(yards)를 대부분 사용한다.

04 봉제 전처리 (Sponging) 과정

봉제에서 발생할 수 있는 원단의 문제를 사전에 없애기 위해 개질(改質)을 한다. 원단이 운반이나 보관 중에 압착이나 장력 때문에 무늬가 휘거나, 올의 교차각이 변형될 수도 있고, 광택이 감소되고, 늘려서 감겨져 있어 봉제 후 수축으로 사이즈 변형이 생길 수도 있다.

저지(Jersey) 원단은 탄성과 레질리언스(Resilience)가 좋기 때문에 연단상태에서 하루 정도 재워 놓아도 제자리를 찾는다. 반면 우븐(Woven)은 기계를 사용하여 강제적으로 해야 되는데 이때 사용하기 것이 스폰징(Sponging) 기계이다.

스폰징(Sponging)은 장력을 주지 않은 상태에서 고온의 스팀을 주어 원단의 올들이 제자리를 찾게 하는 방법으로 치수 안정화를 시킨다.

05 연단(Fabric spreading) & 재단(Cutting)

연단공정은 재단(Cutting)을 하기 위해 원단을 무장력 상태로 연단대(Fabric spreader platform) 위에 펴는 작업으로, 소재의 특성에 맞는 방법을 사용해서 여러 겹으로 쌓아 올리게 된다.

재단은 수량이 적은 경우에는 마킹(Marking)을 프린트한 종이를 대고 수동 재단기를 사용하여 자르고, 수량이 많거나 규모가 큰 사업장에서는 마킹을 하는 컴퓨터와 링크(Link)되어 있는 자동 재단기를 사용한다.

재단은 칼을 사용하는 위험한 공정이므로 언제나 안전을 최우선으로 고려해야 한다.

06
퓨징
(Fusing)

퓨징(Fusing)은 재단된 겉감 원단의 필요 부분에 심지를 접착하는 공정으로 옷감의 종류에 따라 심지의 종류도 다르고 부위에 따라 부착방법도 다르다.

외관적 변화나 화학적 변화를 일으키지 않도록 사전 테스트를 거쳐 심지의 종류와 컨디션(Condition)을 조정해야 한다.

퓨징 방식으로는 하나씩 하는 평판 프레스(Flat bed press)와 연속적 작업을 하는 연속 프레스(Continuous press) 등이 있다.

07
번들링
(Bundling)

재단된 원단의 각 부위와 안감, 심지, 각종 부자재를 묶는 작업으로 이색이 발생될 수 있는 원단은 넘버링(Numbering) 작업을 통해 같은 판의 원단끼리 연결될 수 있도록 해야 한다.

08
봉제
(Sewing)

봉제는 세밀한 공정관리가 필요한 부분으로 작업절차계획과 동작분석을 통해 가장 능률적인 작업 설계가 필요하다.

부분품(Detail)을 먼저 만들고 전체를 합치는 조립봉제를 하는 순서로 진행되는데 각 작업 단계마다 작업연구를 하여 재봉틀(Sewing machine), 작업대, 아이롱(Iron)을 적절히 배치하여야 한다. 봉제의 마지막으로는 손바느질, 단추단기 등 부속물을 부착하게 된다.

최근 자동 봉제기술이 발달하여 미숙련공들도 쉽게 봉제할 수 있는 시스템이 지향되고 있다.

09

**다림질
(Press)**

다림질(Press)은 소재의 특성, 의복의 종류와 각종 부위에 따라 여러 가지 형태의 프레스(Press)를 사용하게 된다.

하의의 경우 평면 프레스를 가장 많이 사용하고, 엉덩이나 허리를 위한 곡면 프레스를 부분적으로 사용한다. 상의의 경우 가슴 부위를 살리기 위해 인체 모형 프레스를 사용하기도 하고, 암홀(Armhole)을 다리기 위해 말판 다리미대를 사용하기도 하며, 칼라(Collar, 옷깃) 만을 위한 특수 다리미대를 사용하기도 한다.

마지막으로는 숙련공이 수작업으로 열과 스팀만으로 다리는 공업용 스팀 다리미와 바큠(Vacuum) 다리미판을 사용하여 최종 완성된다.

| 패션기업의 업무단계별 공정 |

업무 부서	진행 내용					
기획팀	시장조사	Trend 파악	Season 기획			
디자인팀	Concept 설정	Design	샘플 지시서	Sample		
브랜드 전체	품평회	수량결정				
디자인팀	샘플 보정	작업지시서				
패턴팀	패턴	Grading	Marking			
재단팀	검단	Sponging	연단	재단	Fusing	Bundling
봉제팀	부분품 봉제	조립 봉제	부속품 달기			
완성팀	Iron	검사	포장	출하		

Fashion Products Management

CHAPTER 10

아웃 소싱

01 외주관리란?

패션기업의 대부분은 원·부자재를 외부에서 구매하고 있다. 또한 자체 생산 공정을 가지고 있다고 하더라도 설비에 넓은 면적을 사용하거나 고가의 특수기계가 필요하거나 발생빈도가 낮은 업무에 대해 많이 진행하게 되는 데 패션제품의 경우 원자재의 검사, 패턴, 그레이딩, 재단, 특수 부품이나 부속품 제작 등이 빈번하게 외주생산으로 진행된다.

외주관리의 목적은 좋은 품질의 제품을 필요한 양만큼 만들어 지정된 납기에 적정한 가격으로 구매하는 것으로 외주 품목의 결정, 협력업체의 선정, 단가 결정, 원·부자재의 공급 여부, 납기, 품질 관리, 납기 관리, 대금 결재 등까지를 모두 포괄한 업무이다. 따라서 생산 공정의 일부분으로 보고 관리하고 개선하여 기회의 손실을 미리 예방하여야 한다.

POINT

외주관리는 기업 외부의 자원을 활용하여 재료나 부품을 구하거나 완성품을 만드는 업무에 있어서 발주 과정에서부터 대금의 지급까지의 모든 업무를 관리하는 일이다.

02 외주관리의 필요성

외주로부터 발주된 제품의 불량이나 납기지연 등이 발생되면 최종 완성품의 품질과 납기의 문제가 확산된다. 따라서 사전에 체크(Check)하여 신속히 처리해야 한다.

봉제공정 투입을 위한 세팅(Setting)이 완료된 시점에서 외주로부터 공급된 원·부자재의 불량이 발견되어 봉제공정을 미루어야 할 경우 시간과 인력이 낭비되는 손해(Damage)를 입게 된다. 또한 일부 부품의 수량 부족은 재수급을 위한 시간 낭비를 초래하거나 조립되어야 하는 나머지 부품의 낭비가 발생하기도 하고, 최종 완성품의 수량부족(Shortage)을 발생시킨다. 따라서 불량률이 많이 발생하는 원·부자재의 경우에는 충분한 로스(Loss)를 공급을 받거나, 납기 지연에 신경을 써서 외주 업체의 여력(Capacity) 확인 및 진척관리 등으로 근본원인을 사전에 제거하여야 한다.

외주관리는 방치하면 확대될 수 있는 품질과 납기, 수량의 잠재된 문제를 미리 파악하고 문제가 발생하기 전에 대책을 강구하여 사전 방지를 위한 개선 업무를 추진하는 것이다.

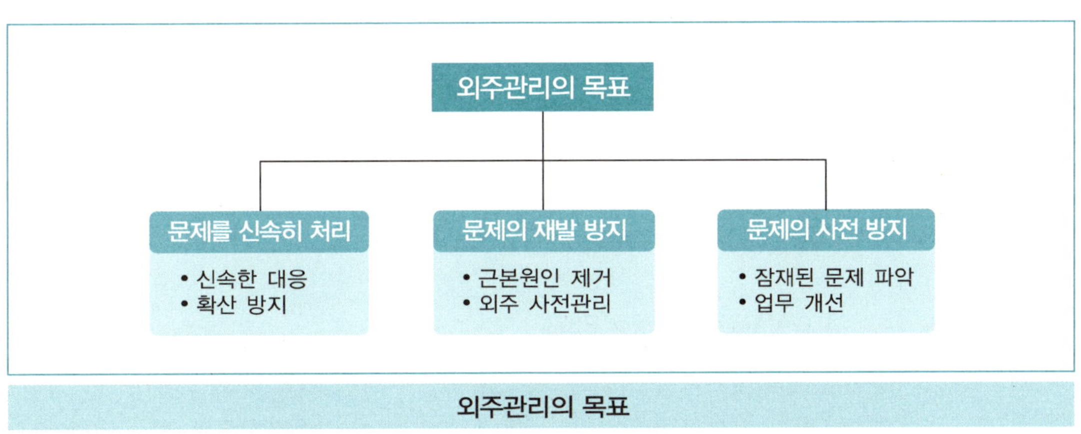

외주관리의 목표

03

거래 목적별 외주관리

거래 목적에 맞는 외주관리를 해야지만 거래의 이점을 최대한 살릴 수 있다.

❶ 다품종 소량생산을 하는 경우

다품종 소량생산은 소품종 대량생산보다 많은 문제가 발생하므로 공정관리나 생산관리, 품질관리를 엄격히 실시해야 하며, 품질 개선, 리드타임 단축을 추진해 비용 개선으로 연결하는 것이 외주관리의 역할이다.

❷ 저가 구매를 노리는 경우

저가로 구매해야 할 경우 업체의 견적만으로 가격을 정하게 되면 최종적인 가격을 맞출 수 없다. 따라서 구매가격을 미리 산출하는 구매가격 평가기준을 마련하여 차액 요인을 개선해야 한다.

❸ 전문기술이 필요한 경우

전문기술이나 특허품을 구매할 경우에는 로열티(Royalty)를 지불해야 한다. 따라서 제품의 비용 대비 효과를 파악하여 고기능성의 접목 여부를 판단해야 한다. 또한 유사 기능을 낮은 가격으로 적용할 수 있는 방안을 모색하여야 한다.

❹ 일부 외주 설비를 이용하는 경우

자사 설비와 외주 협력 공장과의 중복 설비 투자를 피하고, 투자 분야를 조정하기 위해 외주에 맡길 품목을 명확히 하고 외주 정책과 발주 방침을 세워야 한다.

❺ 자회사와 거래하는 경우

먼저 자회사와 다른 거래처를 동등하게 취급할 것인가를 명확히 해야 발주 정책이 세워진다. 구매가격 결정 시 시장가격으로 할지 또는 원가 견적에 따를지를 자회사와 사전 합의하여 거래하여야 한다.

❻ 완충 효과를 기대하는 경우

외주 제작의 경제성이 확인되어 거래 시 외주 업체의 여력(Capacity)을 관리하며 항상 발주량이 적절한지 인력이 보충되었는지 등을 확인한다. 나아가 설비나 기계의 지원이나 대여, 자금이나 인력지원 등의 지원책을 검토한다.

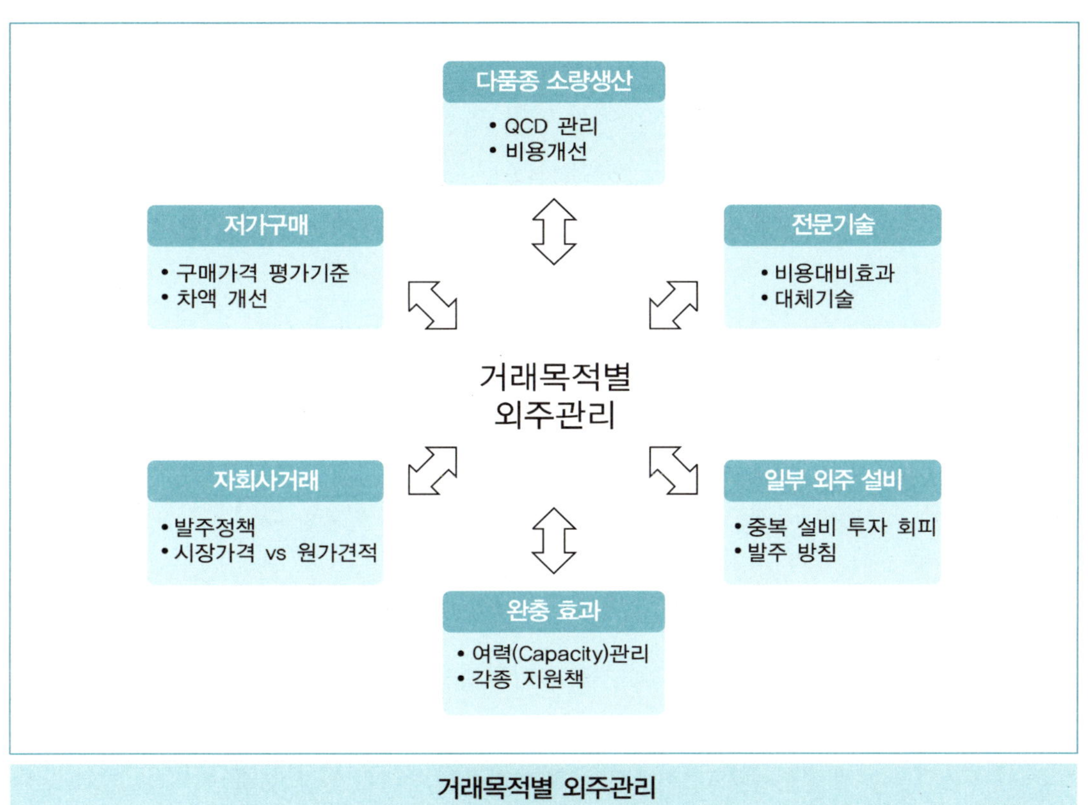

거래목적별 외주관리

아웃 소싱(Out Sourcing)

01

아웃 소싱 (Out Sourcing) 이란?

제품의 기획·생산·유통 과정 중 핵심부분을 제외한 일부분을 외주나 하청을 통하여 이루는 경영방식을 일컫는 용어로 기업의 비용절감, 서비스 수준 향상을 위하여 전문적인 업체에 도움을 받는 것을 의미한다.

아웃 소싱을 하는 이유

❶ 조직의 유연성과 민첩성을 높이기 위하여

❷ 기업의 업무나 기능을 유지하기에는 수익성이 부족할 때

❸ 내부적으로 전문성이 없으나 그 기능이 필요할 때

❹ 조직의 내부 갈등을 해결하기 위해 제3자에게 위임할 때

아웃 소싱은 예측할 수 없는 미래에서 보다 빠르고 민첩하게 대처하기 위해서 기업조직을 전 부분에 걸쳐 투자하기보다는 핵심부분에 투자하는 기업의 생존 전략이다. 따라서 지식뿐만이 아니라 생산, 물류, 마케팅, 인력 등 다양한 분야에서 활용된다.

02
아웃 소싱과
외주의 차이점

외주에서 아웃 소싱으로 이전되는 이유는 제조업을 둘러싼 환경이 안정 성장시대에서 불안정 정체시대로 격변하였기 때문이다. 지금의 경영환경은 스피드업(Speed-up), 정보화, 다양화, 개방화되고 있고 기본적인 경영전략이 투하자본의 단기회수와 노 리스크(No risk) 정책, 효율화 등을 추구하고 있기 때문에 아웃 소싱이 제조업의 가장 중요한 전략과제가 되었다.

아웃 소싱이 과거 외주 하청과 유사한 방법으로 진행되기 때문에 차이점이 없어 보이기도 하지만 본질적으로는 완전히 다른 개념이다. 외주가 피라미드 구조의 수직 하방적이라면 아웃 소싱은 매트릭스 구조의 수평 동등적이다.

최근 비투비(Business to Business)와 오픈마켓(Open market) 등 온라인을 통해 정보의 교류가 활발히 이루어지면서 글로벌화되고 무한경쟁의 시대가 되고 있기 때문에 더 이상 과거의 서로 얽매여 있는 피라미드 구조로는 미래의 시장에서 경쟁력을 가질 수 없다. 따라서 어느 누구라고 실력을 갖고 있다면 경쟁에 참가할 수 있는 매트릭스 구조의 아웃 소싱이야 말로 미래의 경영전략이다. 더 나아가 유휴자원의 공동사용이나 기업 동맹, 서비스의 아웃 소싱인 오프 쇼링(Off-shoring), 대중의 아웃 소싱인 크라우드 소싱(Crowd sourcing) 등에 주목해야 한다.

03
오프 쇼링
(Off Shoring)

기업이 인건비가 싼 해외로 서비스 분야를 이전시키는 현상을 일컫는다. 아웃 소싱과 유사한 개념이지만 아웃 소싱이 제조영역의 이전을 뜻하는 국한된 의미로 쓰일 때에 오프 쇼링은 서비스 분야의 아웃 소싱이라는 의미로 쓰인다.

첨단 정보통신 기술의 발달로 콜센터, 데이터 분석, 엔지니어링, 제품연구, 디자인 등이 임금격차가 많은 개발도상국으로 이전되고 있다. 미국 기업들이 영어 구사능력을 갖추고 인건비가 낮은 인도와 동남아에 발주하면서 시작되었다. 자국 자본과 기술의 해외유출, 저학력·미숙련자의 일자리 상실 등의 사회문제가 대두되고 있다.

피라미드 구조의 외주 관리

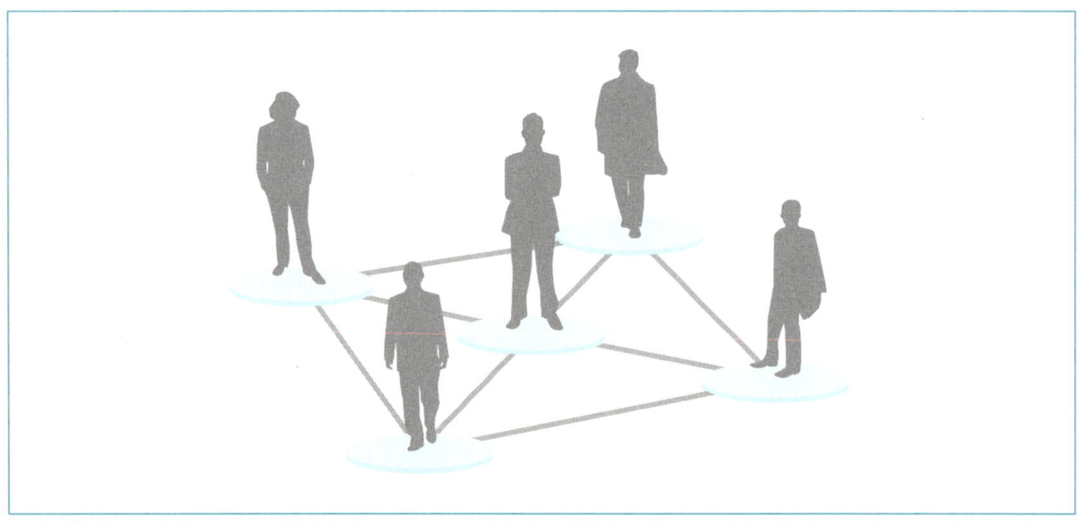

매트릭스 구조의 아웃 소싱

04 크라우드 소싱
(Crowd Sourcing)

대중(Crowd)과 아웃 소싱(Out Sourcing)의 합성어로, 기업활동의 일부 과정을 대중이 참여하여 만들어 여기서 창출되는 수익을 참여자와 공유하는 일련의 활동을 일컫는 신조어로 저널리스트 제프 하우(Jeff Howe)가 2006년 잡지 〈와이어드(Wired)〉에 처음 소개하였다.

크라우드 소싱(Crowd Sourcing)은 비용을 낮추면서 외부 자원을 활용하여 창의적 발상과 전문성을 보완하고 호의적인 잠재고객까지 얻을 수 있다는 장점이 있다.

어려운 문제 해결에 도움을 청하거나 서로의 지식을 나누는 크라우드 캐스팅(Crowd Casting), 프로젝트를 홍보하고 실현하기 위해 자금을 모으는 크라우드 펀딩(Crowd Funding), 디자인 아이디어를 모아 투표하고 만들어 판매하는 크라우드 커뮤니티(Crowd Community) 등 여러 가지 형태로 발전되고 있다.

패션업계도 2000년 미국 시카고에서 출발한 온라인 기반 의류 제조·판매 업체인 스레들레스 닷컴(www.threadless.com)의 예에서 볼 수 있다. 이 사이트(Site)에서는 누구나 일러스트(Illust)를 그려 매주 열리는 티셔츠 디자인 경연대회에 공모할 수 있고, 모든 사람들이 별점을 주어 평가하며, 채택된 일러스트는 티셔츠, 양말, 가방 등 여러 가지 아이템으로 제작되어 판매하게 된다. 또한 작품의 원작자에게는 상금이나 상품권 등을 수여하여 수익을 배분하는 방식이다. 현재 한국에도 이렇게 유사한 형태로 디자인 컨테스트를 하는 사이트가 다수 개설되어 있다.

단순한 용역의 외주 형태나 단방향의 아웃 소싱(Out Sourcing)이 아니라 대중과 대화하고 소비자가 창조하는 프로슈머(Prosumer)가 존재하는 크라우드 소싱(Crowd Sourcing)이 미래에 우리가 가장 주목해야 하는 새로운 형태의 기업활동이다.

패션 프로모션

01
패션 프로모션
(Promotion)

마케팅에서 프로모션(Promotion)은 판매 촉진의 의미지만 패션 프로모션 (Fashion Promotion)으로 쓰일 때는 패션을 한 단계 나은 상태로 발전시킨 다는 의미가 크다. 그러나 국내에서는 제조의 아웃 소싱(Out Sourcing)의 의미로 통용된다.

패션 프로모션은 제품의 컨셉, 디자인, 샘플제작 등을 통하여 브랜드에 제시 하고, 선택된 제품을 생산하여 납품하는 방식으로 영업 활동을 하는 기업이 다. 그러나 자체 개발보다는 브랜드의 의뢰에 의한 샘플 개발이나, 브랜드에 서 직접 생산하기 어려운 아이템을 생산하는 등 수동적 경향의 역할이 크다.

패션 프로모션의 형태

❶ 원 · 부자재를 공급받고 임가공만을 해주는 임가공 형태

❷ 원단을 제외한 부자재를 직접 구입해 완제품을 납품하는 CMT 형태

❸ 원 · 부자재를 직접 구입하고 완제품을 납품하는 완사입 형태

❹ 디자인만 전문적으로 해주는 스튜디오(Studio) 형태

가장 일반적인 패션 프로모션은 자체 디자인실을 가지고 기획과 영업, 생산 을 하는 완사입 형태를 일컫는다. 패션의 가장 중심 기능인 디자인 기능까지 도 공급자에게 맡기고 경쟁에서 살아남기 위한 효율 경영을 하려는 전략으 로, 패션 비즈니스의 대표적인 아웃 소싱(Out Sourcing)의 예가 된다.

02 임가공 방식

가장 좁은 의미의 패션 프로모션으로 하청생산이라 할 수 있다. 원단, 부자재 등 모든 자재를 공급받아 임가공만을 제공하는 방식이다.

브랜드의 입장에서는 원·부자재 구매에 인력과 비용이 증가하나 생산제품에 높은 마진율을 적용할 수 있고 품질 유지가 용이하다.

프로모션의 입장에서는 기획의 비중이 적어 디자이너의 참여도가 적다. 따라서 하청공장과 유사한 형태이므로 기업의 경쟁력이 떨어진다. 대부분의 프로모션이 지양하는 형태이나 새로운 해외 생산 아이템이거나, 특정 기술력이 높거나 자본력이 적은 기업이 이러한 방식으로 생산한다.

03 CMT 방식

CMT는 자르다(Cutting), 만들다(Making), 부자재(Trimming)의 약자로 원자재는 공급받고 재단부터 시작하여 부자재를 구매하여 만든다 하여 CMT 방식이라 한다.

다품종 소량생산 방식으로 하나의 원단을 여러 스타일에 투입해야 할 경우 브랜드에서 원단을 일괄 매입하고 스타일별 각각의 생산처로 나누어 주어야 할 때 사용하기도 하며, 해외 수입 원단으로 브랜드와 계약에 의해 수입되는 경우도 있다. 그리고 자금과 인력이 풍부한 대기업에서 원자재 구매를 보다 유리하게 할 수 있어 원가를 낮출 수 있다고 판단되었을 경우에 진행하기도 한다.

브랜드의 입장에서는 부자재 부분의 발주와 관리에 대한 인력과 비용을 줄이고 원단의 마진만큼 생산비용을 절감할 수 있다.

프로모션의 입장에서는 선투자되는 원단 비용을 절감하여 자금의 부담이 없으나 기획의 참여도가 낮으므로 마진이 적다.

해외에 있는 하청공장의 경우에도 부피가 큰 충전재라든가 일반적인 부자
재의 경우 운송비 절감을 위하여 현지에서 구입하는 방식의 CMT 방식으로
진행하기도 한다.

04 완사입 방식

완사입 방식은 특종 프로모션과 디자인 프로모션으로 나누어진다.

특종 프로모션은 구색 상품으로 특수한 생산기반이 있어야 하는 아이템들,
즉 모피, 가죽, 니트 등의 특종에 대해 진행되는 방식이다. 이러한 아이템은
다년간 쌓은 노하우(Know-how)가 필요하고, 생산시설 역시 우븐
(Woven) 제품과는 다른 설비가 필요하다. 또한 브랜드에서는 전체 구성비
가 적기 때문에 별도의 인원 구성이나 설비를 할 수가 없어 프로모션을 사용
하는 편이 경제적이다. 진행방식은 특종프로모션 업체에서 개발품들을 보
여주고 브랜드에서는 자사에 맞는 스타일을 선택하며, 컬러, 사이즈를 결정
하여 발주한다. 선택된 스타일의 독점적 사용권은 특종 프로모션의 영업방
침과 계약조건에 따라 달라진다.

디자인 프로모션은 브랜드의 기획단계부터 참여하여 컨셉에 맞는 여러 가
지 아이디어와 디자인을 제공하고 샘플에서부터 원 · 부자재 구입, 생산까
지 책임을 진다. 디자인 프로모션도 차별화를 위해 복종별로 특화를 시켜서
운영하는데 점퍼(Jumper) 전문, 저지(Jersey) 전문, 데님(Denim) 전문, 다운
(Down) 전문, 특수기능성 아웃도어 제품 전문 등으로 나눌 수 있다.

브랜드의 입장에서는 적은 인원의 디자이너를 가지고 운영할 수 있어 비용
의 절감이 크나 브랜드의 독창성이나 독자적인 기술축적이 어렵다. 그러나
원 · 부자재의 구매 시 선투자되는 자금과 재고누적의 부담이 줄고 불량에
대한 기술적 위험부담률이 줄어서 가장 많이 선호되는 방식이다.

프로모션 입장에서는 샘플제작에서부터 원단 및 부자재의 구매, 패턴제작, 재단, 봉제까지 일련의 모든 과정을 수행하는 만큼 기술력도 갖추어야 하고, 위험부담도 크므로 마진율이 높다. 또한 선투자 비용이 발생되므로 일정 수준의 자금력을 갖춘 업체가 운영하는 방식이다. 특히 샘플제작 단계부터 실제 제품이 입고되고 자금이 결제되기까지 8~9개월이 소요되기 때문에 자본력이 있어야 한다. 특화시킨 아이템과 축적된 노하우, 끊임없는 제품개발이 디자인 프로모션의 성공비결이다.

05 기타 방식

❶ 업무대행 방식

브랜드가 디자인부터 샘플개발, 원단 소싱(Sourcing)까지 결정 후 프로모션에게 원단의 구입부터 생산에 대한 업무의 진행을 대행시키는 것으로, 자체적으로 독창적인 디자인이나 기능에 대한 연구 · 개발을 많이 하는 스포츠 브랜드에서 많이 볼 수 있다.

❷ 컨설팅 방식

협력업체가 컨셉(Concept)의 개발, 프로토타입(Prototype)의 샘플 개발까지 업무를 수행하고, 원 · 부자재 발주부터 생산에 관련된 업무는 브랜드나 타 업체가 관여하는 방식으로, 엄밀히 따지면 프로모션보다는 컨설턴트로 분리해야 한다.

❸ 분사화 방식

기업 내의 기능의 일부분을 분리시켜 별도의 법인을 만드는 것으로, 비대해진 기업 조직을 슬림화시켜 유연성을 부여하고 분사된 독립법인의 전문성을 부여하여 미래의 사업영역의 확대를 위한 전략으로 사용되기도 한다. 그러나 때로는 분사기업의 자립도를 위하여 시장단가보다 비싼 가격으로 구매하는 경우도 있다.

06

**프로모션의
미래**

최근 많은 패션기업들이 일반관리비를 줄이고 QR(Quick Response)을 통해 효율을 높이고자 디자이너 수를 줄이고 프로모션에 의존하는 경향을 보이고 있다.

따라서 프로모션은 우후죽순으로 많이 늘었지만 실력 있는 프로모션은 비교적 적은 편이다. 실력 있는 프로모션이 되기 위해서는 다각적인 정보와 디자인력, 생산 노하우, 자금력 등을 두루 갖출 수 있도록 노력해야 한다.

| 프로모션의 형태별 업무의 영역 |

work	디자인 스튜디오		완사입 프로모션		CMT	임가공
기획/디자인						
샘플 제작						
원 · 부자재 구매						
임가공						

MEMO

Fashion Products Management

CHAPTER 11

수출입 실무

매매계약(Sales Contracts)

01
무역 계약

법적으로 구속력이 있는 무역계약이 성립되려면 당사자 간의 합의된 의사가 필요한데, 합의는 청약(Offer)및 승낙(Acceptance)이나 반대청약(Counter Offer)을 통해 이루어진다. 또한 계약이 이루어진 시기를 결정하는 방법으로는 발신주의 원칙과 도달주의 원칙이 있는데 비엔나 협약에서는 도달주의 원칙을 채택하고 있다. 무역 계약의 체결 절차는 아래와 같다.

❶ 해외시장 조사

❷ 거래선 선정

❸ 자기소개서 발송

❹ 제품에 대한 문의와 답신

❺ 신용조사

❻ 거래제안

❼ 청약 및 주문

❽ 승낙 또는 반대 청약

❾ 계약체결

02 무역 계약의 약정조건

❶ 품질조건

상품명, 사이즈, 컬러, 타입, 모델 등의 항목이 포함되어야 하며 견본품이나 규격, 설명, 상표 등의 품질 결정 기준에 따라 거래형태가 결정된다.

❷ 수량조건

수량조건을 명확히 하여 클레임 발생의 소지를 없애기 위해 반드시 명시해야 한다. 수량의 단위는 아래와 같다.

- 개수(Piece, Dozen, Ea)
- 포장단위(Case, Bag, Bale)
- 용적(Measurement)
- 중량(Weight)
- 길이(Length)

❸ 운송조건(Shipment)

운송 수단인 배(Vessel), 비행기(Air), 육상(Ground) 등을 기재하게 되고 이는 거래조건에서는 운송기간을 기재해도 된다. 또한 수출자와 수입자가 운송 비용 및 책임의 한계를 규정짓는다. 그러나 때로는 쉽먼트(Shipment)가 '선적'의 의미로 쓰일 때도 있다. 셀러(Seller)가 바이어(Buyer) 또는 운송인(Carrier)에게 물건을 인도하면 꼭 배에 실리지 않아도 선적(Shipment)이 행하여진 것으로 간주한다.

- **FOB(Free On Board, 본선인도조건)**

  본선에 적재까지의 비용은 수출자가 책임지고, 그 후 운송·운임계약은 수입자가 체결하게 된다. 그 외의 비용도 수입자 부담이다. 단, 예외적으로, 수출자가 운송계약을 위임하는 경우 당사자간의 합의가 있으면 각 계약의 개별 조건이 우선된다.

- **CIF(Cost, Insurance and Freight, 운임, 보험료포함조건)**

  FOB 조건에서 수출자가 운임과 보험료를 추가 부담하는 조건으로 수출자가 지정된 목적항까지 물품을 운송하는 데 필요한 비용 및 운임을 지불하여야 하지만, 물품의 멸실 또는 손상의 위험 및 인도 이후에 발생하는 사건에 기인하는 모든 추가비용은 수출자로부터 수입자에게 이전된다.

- **DDP(Delivered Duty Paid, 관세지급인도조건)**

  수출자가 지정된 목적지에서 수입통관을 이행하고, 도착된 운송수단으로부터 양륙되지 않은 상태로 수입자에게 물품을 인도하는 것을 의미한다. 수출자는 목적지 국가에서의 수입에 필요한 모든 통관절차를 이행하는 책임 및 위험, 그리고 통관수수료, 관세, 조세 기타 비용의 지불을 포함하여 그 곳까지의 물품의 운송에 따른 모든 비용 및 위험을 부담하여야 한다.

❹ 결제조건

- 신용장(L/C at sight)
- 선불(Payment in Advance)
- 무신용장 외상 거래 방식
  - D/A(Document against Acceptance, 인수인도조건)
  - D/P(Document against Payment, 지급인도조건)
- 전신환 송금(T/T Remittance)
- 현찰(Cash)
  - COD(Cash On Delivery, 상품인도 결재방식)
  - CAD(Cash Against Documents, 서류인도 결재방식)

❺ 보험조건

화물을 수송하는 도중에 발생할 수 있는 위험에 대해 그 손해를 보험회사에서 보상해 주는 것으로 일반적으로 해상보험 중 적하보험을 말한다. 계약에서 결정된 부분만을 보상해 주는데 런던보험업자협회에서 제정한 협회적화약관(ICC ; Institute Cargo Clause)을 기준으로 따른다.

- 단독해손부 담보약관 FPA(Free from Particular Average)
- 분손담보약관 WA(With Average)
- 전위험담보약관 A/R(All Risks)
- 추가약관(Additional or Marginal Clauses)

❻ 포장(Packing)

제품을 보호하고 광고의 효과도 있으므로 내용물을 보호할 수 있는 견고함을 가지면서도 포장비용 자체와 운임 절감 등을 고려한 경제적인 디자인으로 포장조건을 결정해야 한다.

❼ 화인(Shipping Mark)

화물의 운송과 보관 시 화물의 분류를 원활히 하고 취급상 주의사항이나 지시사항 등을 포장 위에 표시하는 것으로, 바이어가 셀러에게 요구한다.

❽ 검사(Inspection)

계약서상의 상품과 실제 입고된 상품이 합치되는지를 제3자인 검사기관이나 검사인에게 의뢰하여 실시할 사항을 정하여 기재한다.

❾ 불가항력(Force Majeure)

천재지변과 같이 불가항력에 의해 계약이행이 불가능하거나 지연되는 경우를 대비하여 계약서상에 면책에 대한 조항을 삽입한다.

❿ 중재조항(Arbitration Clause)

무역계약에서 발생되는 분쟁은 소송에 의한 해결보다는 중재(Arbitration)에 의해 해결하는 편이 신속하고 경제적이므로 정하여 미리 기재해 놓아야 한다.

⓫ 준거법(Governing Law)

계약의 해석 시 무역 당사자 간의 어느 나라 법률을 적용할 것인가에 대한 문제를 미리 정하여 계약서에 밝혀 놓는 것이다.

03
계약 체결 시 주의사항

모든 계약을 체결할 때에는 반드시 구두가 아닌 서면으로 작성하고, 계약체결 전에 법률지식이 풍부한 전문인의 자문을 얻어 계약내용상 불리한 내용이 없도록 하여야 한다. 일반적으로 우리나라 사람들은 상대방의 권리, 의무를 명확하게 해두는 것에 익숙하지 못하고, 상대방을 일방적으로 신뢰하여 사후에 분쟁이 발생하는 경우가 많은데 특히 신용장 조건의 불비에 따른 지급거절 사례가 자주 발생한다. 따라서 수출자의 의무와 수입자의 의무에 대해 계약서에 확실히 해두어야 한다. 국제 간 거래는 계약의 체결, 이행, 종료의 과정에서 계약의 불이행이나 해석상의 의견 불일치 등으로 항상 분쟁 발생 가능성을 내포하고 있다. 계약당사자 간에 클레임 제기 시 특정기관의 중재 판정에 따른다는 조항을 넣어두면 분쟁을 신속·편리하게 처리할 수 있다.

| Sales Contracts의 예제 |

CHINA TEXTILE CO.,LTD

777 BIG TOWN LARGE COUNTY SHANGHAI CHINA

SALES CONTRACTS

WE ARE PLEASED TO OFFER THE UNDER—MENTIONED ARTICLE(S) AS PER CONDITIONS AND DETAILS DESCRIBED AS FOLLOWS.

2. STYLE No.	3. COM— POSITION	4. COLOR	5. QUANTITY (YD)	6. UNIT PRICE (USD, $)	7. AMOUNT (USD, $)	8. REMARK
KNCT—088	P100% 57/58″ 220G/M	BLACK	1,000	FOB SH $2.00/YD	$2,000.00	
	TOTAL		1,000		$2,000.00	

9. APPLICANT NAME :	CHINA TEXTILE CO.,LTD
10. DOC NO :	XTN—0123
11. DATE OF ISSUE :	DEC 10,2014
12. ORIGIN :	MADE IN CHINA
13. PACKING :	EXPORT STANDARD BALE PACKING
14. INCOTERMS :	FOB SHANGHAI
15. TRANFER METHOD :	BY SEA
16. SHIPPING DATE :	DEC 20,20014
17. EXPIRY DATE :	SHIPPNG DATE AFTER 15 DAY
18. SHIPPING PORT :	SHANGHAI,CHINA
19. SHIPPING BOOKING :	APPLICANT'S NOMINATE FORWARD PARTNER
20. INSPECTION OFFICE :	
21. DESTINATION :	
22. PAYMENT :	30%DEPOSIT, 70% BALANCE BEFORE SHIPMENT
23. VALIDITY :	SIX MONTH FROM ISSUED DATE
24. REMARKS :	
25. BENEFICIARY :	CHINA TEXTILE CO.,LTD
26. BANK NAME :	BANK OF CHINA SHAOXING COUNTY SUB—BRANCH
27. BANK ADD :	222 BIG TOWN LARGE COUNTY SHANGHAI CHINA
28. SWIFT CODE :	BKCHCNBJA88D
29. ACOUNT NUMBER :	8701351234094014

Looking forward to your valued order for the above offer, we are yours faithfully.

30.   SIGNED   BY :

01 수입통관이란?

해외로부터 물품을 수입할 때에 세관에 수입신고를 하고 신고사항과 현품이 일치하는지와 관련 법규정에 맞는지 등을 확인하여 허가를 하는 행정행위이다.

우리나라는 1996년 수입허가제에서 수입신고제로 바뀌어 수입 통관 절차를 간소화하였고 수입신고 후 관세를 납부하는 제도를 도입하여 과세절차를 분리하였다.

수입통관 절차는 아래와 같다.

❶ 출항

❷ 입항

❸ 하선

❹ 물품 보세구역 반입

❺ 장치확인

❻ 수입신고

❼ 심사

❽ 물품검사

❾ 수입신고 수리

❿ 관세 및 제세금 납부

02
House B/L과 Master B/L

House B/L은 실제로 화물을 운송하는 선박회사가 아닌 이를 대행하는 운송 중계인이 물품을 인도받았다는 표시로 발행하는 선화증권으로, 세관은 적하목록의 번호와 B/L 번호를 조합한 화물관리번호가 자동으로 부여되어 화물의 재고를 추적 관리하게 된다.

Master B/L은 실제로 화물을 운송하는 선박회사(Carrier)가 발행한 가장 일반적인 선화증권으로 하선하기 전에 Master B/L을 기준으로 하선신고서를 작성하여 세관에 제출해야한다.

03
수입신고 시 구비서류

수입신고 시 구비서류는 아래와 같다.

❶ 수입신고서

❷ 수입승인서 – 수입승인물품에 한함

❸ Invoice(송품장)

❹ Price Notification(가격신고서) – 관세 납부용

❺ 선하증권(B/L) 부본 또는 항공화물운송장(AWB) 부본

❻ Packing List(포장명세서)

❼ Certification of Origin(CO, 원산지 증명서) – 해당 물품에 한함

주의사항으로는 원본과 사본은 같아야 한다. 구비서류로는 수입화주가 원본대조필한 사본(FAX, COPY)을 제출할 수 있으며, 구비서류 중 일부를 수입신고 수리 전까지 제출할 수 없는 부득이한 사유가 있는 경우 기한을 정하여 신고 수리 후에 제출할 수 있다.

04
수입 검사

수입 제품의 규격과 수량을 확인하고 HS코드가 맞게 적용되었는지 등을 확인하여 세율을 결정하고 밀수품이 수입되는 것을 방지한다.

검사대상은 HS 4자리기준으로 241개 품목인데 검사대상으로 지정되어 있다. 그러나 성실업체가 동종 동일물품을 반복적으로 수입 신고하는 물품이거나 수출용 원자재, 소액물품, 무세품, 세관장이 인정한 물품 등에 관해서는 검사 제외대상이 될 수 있다.

검사시기는 수입신고 후 검사하는 것을 원칙으로 하며 긴급을 요하는 경우 '사전검사신청서'를 제출 받아 검사를 받을 수 있다.

검사장소는 지정장치장이나 세관검사장에서 하는 것을 원칙으로 하나 세관장의 허가를 받아 지정보세구역 이외의 장소, 즉 타소장치장이나 선상에서도 할 수 있다.

검사범위는 발췌검사(Random)를 원칙으로 하나 우범성 정보가 있거나 불성실업체가 수입 신고한 물품 또는 변질이나 손상이 발생될 수 있는 물품의 경우 전량 검사를 실시한다. 검사방법은 아래와 같다.

❶ 견본(Sample) 검사

수입자의 신용 등을 감안하여 수량 확인이 중요하지 않는 물품으로서, 견본검사만으로도 검사의 목적을 달성할 수 있다고 인정되는 물품

❷ 세관검사장 검사

일부 수량의 검사만으로 검사목적의 달성이 가능하다고 판단되거나, 세관장이 정하는 물품으로 전량 세관검사장에 반입하여 검사할 수 있는 물품

❸ 파출 검사

견본 검사나 세관검사장 검사를 실시하기 곤란한 물품

05 관세 및 제세금 납부

관세 및 제세금은 수입신고를 한 물품의 화주가 납세의무자가 되어 수입신고가 수리된 날로부터 15일 이내에 국고 수납은행이나 우체국에 납부하여야 한다.

징수형태로는 수입신고인이 신고납부(담보면제), 신고납부(개별담보), 부과고지(담보면제), 부과고지(개별담보), 과세보류 중 하나의 징수형태를 선택하여 수입신고를 하여야 한다.

통관시스템에 신고자료가 접수된 이후에는 신고납부, 부과고지, 과세보류 상호 간 징수형태를 변경할 수가 없다. 따라서 부득이하게 징수형태를 변경하고자 할 경우에는 신고를 취하한 후에 다시 신고하여야 한다.

또한 납세의무자가 신고 납부한 세액이 부족한 것을 알았을 경우 수정신고를 하고 수정신고를 한 날에 추가 납부할 세액을 납부하여야 한다.

| Invoice의 예제 |

COMMERCIAL INVOICE

1. Shipper/Exporter	8. No. & date of invoice
	9. No. & date of L/C
	10. L/C issuing bank
2. For Account & Risk of Messrs	
3. Notify party	11. Remarks
4. Port of loading 5. Final destination	
6. Carrier 7. Sailing on or about	

12. Marks and number of pkgs.	13. Description of goods	14. Quantity /YDS	15. Unit Price /YD	16. Amount	17. Remark

S/# :
COLOR :
O'TY :
B/L No. :

TOTAL :   CARTON

18. Singed by _______________________

| Packing List의 예제 |

PACKING LIST

1. Shipper/Exporter	8. No. & date of invoice
	9. No. & date of L/C
	10. L/C issuing bank
2. For Account & Risk of Messrs	
3. Notify party	11. Remarks
4. Port of loading	5. Final destination
6. Carrier	7. Sailing on or about

12. Marks and number of pkgs.	13. Description of goods	14. Quantity	15. Net weight(KGS)	16. Gross weight(KGS)	17. Measure−ment/Rolls

S/# :
COLOR :
O'TY :
B/L No. :

TOTAL :   CARTON

18. Singed by

| Detail Packing list의 예제 |

DETAIL PACKING LIST

PAGE :　1/1

| SHIPPER/EXPORTER | FOR ACCOUNT & RISK OF MESSRS |

ITEM :

STYLE No. :

MARKS :

SAILING :

STYLE NO.	COLORS	PACKAGES (ROLLS/BALES /CARTONS)	QUANTITY (YDS)	N. WEIGHT (KGS)	G. WEIGHT (KGS)	VOLUME (CBM)	HS CODE
TOTAL							

DETAIL TOTAL :

COLORS	LOT	B/L NO.	SBU.Q'TY		COLORS	LOT	EACH FINAL PACKAGES (ROLLS/BALES /CARTONS)	SBU.Q'TY	
			QUANTITY (YDS)	LOSS (YDS)				QUANTITY (YDS)	LOSS (VDS)
TOTAL					TOTAL				

01

**FTA
(Free Trade
Agreement,
자유무역협정)**

FTA는 Free Trade Agreement(자유무역협정)의 약칭으로 특정 국가 간의 상호 무역 증진을 위해 관세를 철폐하거나 낮추어 물자나 서비스가 자유롭게 움직일 수 있도록 체결하는 특혜무역협정이다.

그동안 인접국가나 일정한 지역을 중심으로 이루어져 유럽연합(EU)이나 북미자유무역협정(NAFTA) 등이 대표적이었으나 요즘은 글로벌화되어 한-칠레, 한-유럽, 한-아시아, 한-미국 등 다양한 협정을 체결하고 있다.

세계무역기구인 WTO(Would Trade Organization) 안에서는 크게 두 가지 형태로 FTA 체제를 나누어 볼 수 있는데, EU(유럽연합)의 경우 회원국 전체를 묶어 관세와 수출입제도를 단일화해서 유지하는 체제이고, NAFTA(북미자유무역협정)는 회원국별로 고유의 관세와 수출입제도를 유지하면서 무역장벽을 완화시키는 방식으로 운영되고 있다.

FTA는 관세가 낮아진 만큼 가격 경쟁력이 생겨 상품의 시장이 확대되고 투자가 증대되어 산업 활성화에 도움을 주는 촉진효과가 있다. 그러나 협정대상국에 비해 경쟁력이 낮은 자국 산업은 피해가 발생되기 때문에 문제점으로 지적된다. 우리나라도 농축산물의 경우 피해를 줄이기 위해 관세를 점진적으로 낮춘다든지 유예기간을 두어 보호하려는 노력을 하고 있다.

패션산업의 경우 한-아세아 FTA로 인해 베트남, 미얀마, 인도네시아 등의 지역의 관세가 낮추어져 이전의 중국에서 생산하던 제품들이 이들 지역으로 생산기지가 많이 이동하였다. 중국에서 생산된 완제품(Garment)을 수입할 경우 품목에 따라 13%~6.5%의 관세를 내야 하나 FTA가 체결된 아시아 지역에서 수입되는 패션제품의 경우 몇 개 품목을 제외하고 거의 0%의 관세율을 적용받는다.

02
HS code

HS는 Harmonized commodity description and coding System(국제통일상품분류체계)의 약칭으로 다자간 무역거래를 함에 있어 상품분류체계를 통일하여 관세, 무역통계, 운송, 보험 등을 일관성 있게 적용하기 위해 숫자 코드로 분류시킨 국제적인 협약사항이다.

HS코드는 10자리까지 사용할 수 있는데 앞자리 1~2자리까지는 상품의 군별 분류, 3~4자리까지는 소품류로 동일군 내의 종류별 또는 가공별 분류이다. 5~6자리까지는 세분류 내에서 품목의 용도, 기능 등에 따른 분류이고 국제적으로 공통으로 사용하는 코드이다. 7자리부터는 각 나라에서 세분화하여 부여하고 있고 우리나라는 10자리를 사용한다.

패션제품으로 예를 들면 앞자리 1~2자리 '61'은 니트(Knit)로 만들어진 완제품(Garment)이고 '62'는 우븐(Woven)을 이용해 만들어진 완제품(Garment)이다. 3~4자리는 대분류 아이템 표시로 코트(Coat)류는 '02', 자켓(Jacket), 슈트(Suits), 드레스(Dress) 등의 아웃터(Outer) 류는 '04', 블라우스(Blouse), 셔츠(Shirts) 등의 인너(Inner)류는 '06'이 된다. 5~6자리는 개별 아이템의 혼용율에 따라 달라진다. 양모 또는 섬수모로 된 슈트의 경우는 '11'이 되고 같은 양모 또는 섬수모로 된 자켓의 경우는 '31'이 된다. 7~10자리의 숫자는 세부적인 혼용율을 나타낸다. 인조섬유 중 합성섬유인 폴리, 나이론, 아크릴로 만든 것은 '1,000', 재생 또는 반합성 섬유인 레이온, 아세테이트로 된 것은 '2,000'이 붙는다.

한－아세아 FTA로 패션제품의 대부분이 무관세라고는 하나 일부분은 아직도 관세가 존재한다. 인도네시아, 베트남, 미얀마에서 들어오는 스웨터(Sweater)의 가디건(Cardigan) 중 합성섬유나 재생섬유로 된 것은 0% 관세이지만 코튼(Cotton)이나 코튼 혼방제품은 13%의 관세가 부가된다. 따라서 제품에 따라 관세율과 운송비를 비교하여 경제성이 있는 생산지역의 선정이 필요하다.

| 한－아시아(베트남, 미얀마, 인도네시아 등)/중국 관세율표 |
(Woven Garment － 여성)

H.S COD		재질	중국	아세안 (IND, VIT, MY)
6202	11 0000	양모 or 섬수모제의 것	6.5%	13%
오버/레인/카코트 케이프, 클룩, 이와 유사한 것	12 0000	면제의 것	8.1	0
	13 1000	합성(폴리, 나일론, 아크릴)	6.5	0
	13 2000	재생 or 반합성(레이론, 아세테이트)	6.5	0
	19 0000	기타 방직용 섬유	6.5	0
6202	91 0000	양모 or 섬수모제의 것	8.1%	0%
방한류 코트	92 0000	면제의 것	8.1	0
	93 1000	합성(폴리, 나일론, 아크릴)	6.5	0
	93 2000	재생 or 반합성(레이론, 아세테이트)	6.5	0
	99 0000	기타 방직용 섬유	8.1	0
6204	11 0000	양모 or 섬수모제의 것	8.1%	13%
슈트	12 0000	면제의 것	8.1	0
	13 0000	합성(폴리, 나일론, 아크릴)	6.5	0
	19 1000	견제의 것(실크)	8.1	0
	19 9000	기타	8.1	0
6204	21 0000	양모 or 섬수모제의 것	8.1%	0%
앙상블	22 0000	면제의 것	8.1	0
	23 0000	합성(폴리, 나일론, 아크릴)	6.5	0
	29 1000	견제의 것(실크)	6.5	0
	29 9000	기타	6.5	0
6204	31 0000	양모 or 섬수모제의 것	8.1%	13%
자켓, 블레이져	32 0000	면제의 것	8.1	13
	33 0000	합성(폴리, 나일론, 아크릴)	6.5	0
	39 1000	견제의 것(실크)	8.1	0
	39 9000	기타	8.1	0
6204	41 0000	양모 or 섬수모제의 것	8.1%	0%
드레스	42 0000	면제의 것	8.1	0
	43 0000	합성(폴리, 나일론, 아크릴)	8.1	0
	49 1000	견제의 것(실크)	8.1	0
	49 9000	기타	8.1	0
6204	51 0000	양모 or 섬수모제의 것	8.1%	13%
스커트, 치마바지	52 0000	면제의 것	8.1	0
	53 0000	합성(폴리, 나일론, 아크릴)	8.1	0
	59 1000	견제의 것(실크)	6.5	0
	59 9000	기타	6.5	0

H.S COD		재질	중국	아세안 (IND, VIT, MY)
6204	61 0000	양모 or 섬수모제의 것	8.1%	13%
긴바지, 멜빵, 짧은 바지	62 1000	데님의 것	7.8	0
	62 9000	면제의 것(데님 제외)	7.8	13
	63 0000	합성(폴리, 나일론, 아크릴)	6.5	0
	69 1000	견제의 것(실크)	6.5	0
	69 9000	기타	6.5	0
6206	10 0000	견 or 견웨이스트	8.1%	0%
블라우스, 셔츠, 셔츠 블라우스(티셔츠 포함)	20 0000	양모 or 섬수모제	8.1	0
	30 0000	면제의 것	8.1	0
	40 1000	합성(폴리, 나일론, 아크릴)	6.5	0
	40 2000	재생 or 반합성(레이론, 아세테이트)	6.5	0
	90 0000	기타 방직용 섬유	8.1	0
6208	91 0000	면제의 것	13%	0%
조끼	92 1000	합성(폴리, 나일론, 아크릴)	13	0
	92 2000	재생 or 반합성(레이론, 아세테이트)	13	0
	99 1000	견제의 것	13	0
	99 2000	양모 or 섬수모제	13	0
	99 9000	기타 방직용 섬유	13	0
6211	41 0000	양모 or 섬수모제	13%	0%
기타 의류 (점퍼, 바람막이류)	42 1000	면제의 것(유도, 태권도, 무술복)	13	0
	42 9000	면제의 것(위에 것 제외)	13	0
	43 1000	합성(폴리, 나일론, 아크릴)	13	0
	43 2000	재생 or 반합성(레이론, 아세테이트)	13	0
	49 0000	기타 방직용 섬유	13	0

| 한－아시아(베트남, 미얀마, 인도네시아 등)/중국 관세율표 |
(Woven Garment – 남성)

H.S COD		재질	중국	아세안 (IND, VIT, MY)
6201	11 0000	양모 or 섬수모제의 것	13%	13%
오버/레인/카코드 케이프, 클룩, 이와 유사한 것	12 0000	면제의 것	13	0
	13 1000	합성(폴리, 나일론, 아크릴)	13	0
	13 2000	재생 or 반합성(레이론, 아세테이트)	13	0
	19 0000	기타 방직용 섬유	13	0
6201	91 0000	양모 or 섬수모제의 것	13%	0%
방한류 코트	92 0000	양모 or 섬수모제의 것	13	0
	93 1000	합성(폴리, 나일론, 아크릴)	13	0
	93 2000	재생 or 반합성(레이론, 아세테이트)	13	0
	99 0000	기타 방직용 섬유	13	0
6203	11 0000	양모 or 섬수모제의 것	13%	13%
슈트	12 0000	합성(폴리, 나일론, 아크릴)	13	0
	19 9000	기타	13	0
6203	22 0000	면제의 것	13%	0%
앙상블	23 0000	합성(폴리, 나일론, 아크릴)	13	0
	29 9000	기타	13	0
6203	31 0000	양모 or 섬수모제의 것	13%	13%
자켓, 블레이져	32 0000	면제의 것	13	13
	33 0000	합성(폴리, 나일론, 아크릴)	13	0
	39 9000	기타	13	0
6203	41 0000	양모 or 섬수모제의 것	13%	13%
긴바지, 멜빵, 짧은 바지	42 1000	데님의 것	13	0
	42 9000	면제의 것(데님 제외)	13	0
	43 0000	합성(폴리, 나일론, 아크릴)	13	0
	49 0000	기타	13	0

H.S COD		재질	중국	아세안 (IND, VIT, MY)
6205	20 0000	면제의 것	13%	13%
블라우스, 셔츠, 셔츠 블라우스	30 1000	합성(폴리, 나일론, 아크릴)	13	0
	30 2000	재생 or 반합성(레이론, 아세테이트)	13	0
	90 1000	견제의 것	13	0
	90 2000	양모 or 섬수모제	13	0
	90 9000	기타 방직용 섬유	13	0
6207	91 0000	면제의 것	13%	0%
조끼	99 1000	견제의 것	13	0
	99 2000	양모 or 섬수모제	13	0
	99 3010	합성(폴리, 나일론, 아크릴)	13	0
	99 3020	재생 or 반합성(레이론, 아세테이트)	13	0
	99 9000	기타 방직용 섬유	13	0
6211	32 1000	면제의 것(유도, 태권도, 무술복)	13%	0%
기타 의류 (점퍼, 바람막이류)	32 9000	기타 방직용 섬유	13	0
	33 1000	합성(폴리, 나일론, 아크릴)	13	0
	33 2000	재생 or 반합성(레이론, 아세테이트)	13	0
	39 1000	양모 or 섬수모제	13	0
	39 9000	기타 방직용 섬유	13	0

| 한-아시아(베트남, 미얀마, 인도네시아 등)/중국 관세율표 |
(Knit Garment - 남여 구분 없음)

대분류	ITEM	정의	재질	H.S CODE	중국	아세안 (IND, VIT, MY)
C-KNIT	ROUND TEE (앞트임 없음) 얇은 다이마루티/ 조끼-시보리가 없는 제품	면류 합성	COTTON 100%	6109.10.1000	13%	0%
			C/P 70/30 60/40	6109.10.1000	13	0
			T/C	6109.90.3010	13	13
			POLYSTER	6109.90.3010	13	13
			NYLON	6109.90.3010	13	13
			재생섬유(레이온)	6109.90.3010	13	13
	V-NECK (앞트임 없음) -시보리가 없는 제품	면류 합성	COTTON 100%	6109.10.1000	13%	0%
			CVC	6109.10.1000	13	0
			T/C	6109.90.3010	13	13
			POLYSTER	6109.90.3010	13	13
			NYLON	6109.90.3010	13	13
			재생섬유(레이온)	6109.90.3010	13	13
	POLE-T (칼라/앞트임 있음) 남성/셔츠	면류 합성	COTTON 100%	6105.10.0000	13%	13%
			CVC	6105.10.0000	13	13
			T/C	6105.20.1000	13	13
			POLYSTER	6105.20.1000	13	13
			NYLON	6105.20.1000	13	13
			재생섬유(레이온)	6105.20.2000	13	0
	POLE-T (칼라/앞트임 있음) 여성/블라우스/셔츠	면류 합성	COTTON 100%	6106.10.0000	13%	0%
			CVC	6106.10.0000	13	0
			T/C	6106.20.1000	13	0
			POLYSTER	6106.20.1000	13	0
			NYLON	6106.20.1000	13	0
			재생섬유(레이온)	6106.20.2000	13	13
	HOOD TEE (맨투맨) -밑단밴드 포함	면류 합성	COTTON 100%	6110.20.0000	13%	0%
			CVC	6110.20.0000	13	13
			T/C	6109.30.1000	13	0
			POLYSTER	6109.30.1000	13	0
			NYLON	6109.30.1000	13	0
			재생섬유(레이온)	6109.90.2000	13	0

대분류	ITEM	정의	재질	H.S CODE	중국	아세안 (IND, VIT, MY)
C-KNIT	HOOD ZIP/ 기타 의류	면류 합성	COTTON 100%	6114.20.0000	13%	0%
			CVC	6114.20.0000	13	0
			T/C	6114.30.1000	13	0
			POLYSTER	6114.30.1000	13	0
			NYLON	6114.30.1000	13	0
			재생섬유(레이온)	6114.30.2000	13	0
PANT	레깅스		남자	6103.42.0000		0
	편물 남여바지		여자	6104.62.0000		0
기타 의류	후드집업		폴리 65＋면 35	6114.30.1000		0
	후드집업		면 100%	6114.20.0000		0
SWEATER	가디건 (목폴라 포함)	면류 합성	COTTON 100%	6110.20.0000	13%	13%
			CVC	6110.20.0000	13	13
			T/C	6110.30.1000	13	0
			POLYSTER	6110.30.1000	13	0
			NYLON	6110.30.1000	13	0
			재생섬유(레이온)	6110.30.2000	13	0
	ROUND	합성 울류	울 100%	6110.11.0000	13%	0%
			아크릴 100%	6110.30.1000	13	0
			울 50/아크릴 50	6110.30.1000	13	0
			울/나일론	6110.11.0000	13	0
		면류	면 100	6110.20.0000	13	13
			면/나일론	6110.20.0000	13	13
			레이온 100%	6110.30.2000	13	0
	V-NECK	합성 울류	울 100%	6110.11.0000	13%	0%
			아크릴 100%	6110.30.1000	13	0
			울 50/아크릴 50	6110.30.1000	13	0
			울/나일론	6110.11.0000	13	0
		면류	면 100	6110.20.0000	13	13
			면/나일론	6110.20.0000	13	13
			레이온 100%	6110.30.2000	13	0

대분류	ITEM	정의	재질	H.S CODE	중국	아세안 (IND, VIT, MY)
SWEATER	HOOD SWEATER/ 풀오버, 가디건, 웨이스트코트	합성 울류	울 100%	6110.11.0000	13%	0%
			아크릴 100%	6110.30.1000	13	0
			울 50/아크릴 50	6110.30.1000	13	0
			울/나일론	6110.11.0000	13	0
		합성 면류	면 100	6110.20.0000	13	13
			면/나일론	6110.20.0000	13	13
			레이온 100%	6110.30.2000	13	0
	HOOD ZIP SWEATER/ 기타 의류	합성 울류	울 100%	6114.90.9000	13%	0%
			아크릴 100%	6114.30.1000	13	0
			울 50/아크릴 50	6114.90.9000	13	0
			울/나일론	6114.30.1000	13	0
		합성 면류	면 100	6114.20.0000	13	0
			면/나일론	6114.20.0000	13	0
			레이온 100%	6114.30.2000	13	0
	가디건	합성 울류	울 100%	6110.11.0000	13%	0%
			아크릴 100%	6110.30.1000	13	0
			울 50/아크릴 50	6110.30.1000	13	0
		합성 면류	울/나일론	6110.11.0000	13	0
			면 100	6110.20.0000	13	13
			면/나일론	6110.20.0000	13	13

| 한－아시아(베트남, 미얀마, 인도네시아 등)/중국 관세율표 |

(Leather Garment － 남여 구분 없음)

H.S COD		재질	중국	아세안 (IND, VIT, MY)
남성 인조가죽 퍼지켓	인조가죽	4203.10.9020	13%	0%
남성 인조가죽 후드자켓	인조가죽	4203.10.9020	13	0
남성 후드자켓(패딩)	COTTON	6201.92.0000	13	0
남성 아웃포켓점퍼(패딩)	COTTON	6201.92.0000	13	0

Fashion Products Management

재고관리

재고관리의 목표

01 재고(在庫)

재고(在庫)는 창고에 머무는 경제적 가치가 있는 모든 물품을 의미한다. 따라서 재고자산에는 원재료, 구입부품, 부분품, 반제품, 완제품 등 제조의 각 공정별 저장품이 있고, 완성품 재고로는 창고 재고뿐만 아니라 운송 중인 재고와 매장에서 보유한 재고까지를 포함한다.

재고는 불확실한 미래에 정확한 수요예측이 불가능하기 때문에 재고를 보유함으로써 변화하는 수요에 대응하기 위한 수단이다. 그러나 재고는 보유하는 데 비용이 발생하므로 재고를 보유해서 발생하는 이익과 비용의 균형적인 유지를 위한 시스템이 재고관리 기능이다.

02 재고의 유형

재고의 유형은 성격에 따라 안전재고, 예비재고, 주기재고, 이동재고로 나눌 수 있다.

❶ 안전재고(Safety stock)

완충재고(Buffer stock)라고도 하며 불확실한 수요변화에 대처하기 위해 보유하는 재고이다. 판매의 불확실성이나 자재조달의 불확실성에 대처하기 위한 방안으로 판매에서는 품절되어 판매기획의 로스(Loss)가 발생하는 것을 방지하는 역할이 되고, 생산에서는 미납될 가능성이 있는 자재에 대해 미리 보유함으로써 납기를 준수할 수 있는 방안이 된다.

❷ **예비재고(Anticipation stock)**

판매나 수요가 증가할 것을 미리 예측하여 의도적으로 사전에 준비하는 재고로, 계절적인 수요에 대응하기 위하여 비축하는 완제품의 재고나 공장의 가동중지를 대비하여 원·부자재를 사전에 비축하는 경우 발생하는 재고이다.

❸ **주기재고(Cycle stock)**

원·부자재 구입 시 경제적 주문량을 위하여 로트(Lot) 단위로 발주하여 당장 필요량보다 많은 양을 구입하여 발생하는 재고이거나, 완제품의 경우 판매점에서 시즌이 시작될 때에 상품의 구색을 갖추기 위해 코디 아이템으로 보유함으로써 발생되는 재고이다.

❹ **이동재고(Pipeline stock)**

주문하고 대금을 지급하였으나 현재 수송 중인 제품으로 거리와 시간에 대한 함수관계가 있으며, 재고조사 시 놓쳐서는 안 되는 항목이다.

03

재고비용

재고를 준비하거나 유지하기 위해서는 비용이 발생한다. 재고비용의 유형들을 각 단계별로 나누어보면 아래와 같다.

❶ **발주/구매비용(Ordering, Procurement cost)**

원·부자재를 주문·구매·조달하는 데 발생하는 비용으로 가격조사, 거래처 조사 등에 발생되는 비용, 시험 검사비, 육안 검사비 등의 검사비용, 수송비, 통관비, 관세, 하역비 등의 운송 비용 등이 이에 속한다.

❷ **준비비용(Set-up, Production charge cost)**

특정 제품을 생산하기 위해서는 제품의 특성에 따라 생산공정을 변경하여야 하므로 준비기간 동안에 발생되는 기계나 작업인원의 유휴비용을 말한다.

❸ **재고유지비용(Carrying, Holding cost)**

재고를 보관하고 상태를 유지하기 위하여 발생하는 비용으로 창고 임대료, 보관 컨디션 유지 비용, 창고보험료, 세금, 재고자산에 투입된 자금의 금리비용, 도난 또는 변질 등으로 발생된 손실 비용 등이 이에 속한다.

❹ **재고부족비용(Shortage, Stock out cost)**

품절로 발생하는 일종의 기회손실로, 판매기회 손실, 고객상실, 긴급조치로 인한 추가비용 발생 등이 이에 속한다.

❺ **불량재고(Defective inventory cost)**

잘못된 수요의 예측이나 판매기간을 놓쳐서 발생하기도 하며, 실패한 판매촉진으로 증가된 재고로 자금을 압박하여 잘 팔리는 상품의 재고를 늘리지 못하는 기회손실을 초래하기도 한다.

❻ **재고조사비용(Inventory accounting cost)**

재고조사를 통하여 일상의 활동에서는 파악되지 않는 항목을 파악하여 장부잔고와 실제잔고의 불일치를 보정(補正)하기 위한 자료를 얻게 되는데 이를 위한 인건비, 출장비, 장비보유비 등이 발생한다.

04 재고관리의 목표

재고관리의 목표는 수요에 신속히 대응하면서 총 재고비용을 최저로 유지하는 것이 기본이다. 재고를 보유함으로써 발생할 이익이나 재고를 보유치 못해 발생할 수 있는 손실보다 재고비용이 적게 들도록 적절한 관리가 필요하다. 따라서 각 단계별 재고비용을 절감할 수 있도록 노력하여야 한다.

총 재고비용은 발주/구매비용＋준비비용＋재고유지비용＋재고부족비용＋불량재고＋재고조사비용의 합이 된다.

총 재고비용
=
발주/구매비용　Procurement cost
+
준비비용　Production charge cost
+
재고유지비용　Holding cost
+
재고부족비용　Stock out cost
+
불량재고　Defective inventory cost
+
재고조사비용　Inventory accounting cost

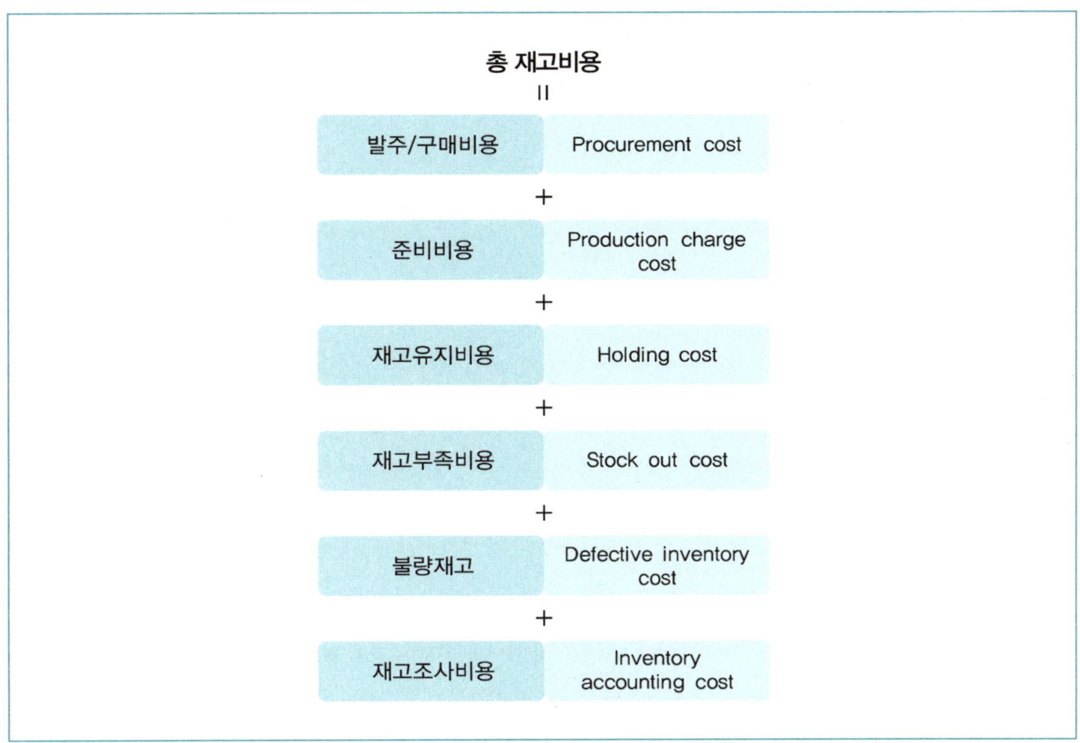

총 재고비용 관리 항목

예측 & 재고관리 시스템

01
판매예측

변화가 많은 경영환경에서 위험요인을 최소화하기 위하여 불확실한 미래를 최대한 예측하기 위한 활동은 크게 기술예측, 경기예측, 수요예측으로 나눌 수 있다.

판매예측을 할 경우 수요예측의 하나인 시계열분석(Time series analysis, 時系列分析)을 자주 이용하게 되는데 시간(연, 계절, 월, 주, 일 단위)의 경과에 따라 변동하는 현상을 데이터화하여 변동요인을 분석하고 미래를 예측하게 된다. 특히 패션 주기설은 시계열분석을 기초로 한 대표적인 이론이다.

시계열분석은 여러 가지 기법이 있는데 여기서는 단순평균법, 이동평균법, 지수평활법에 대해 살펴보기로 한다.

02
**시계열분석
기법**

❶ 단순평균법

미리 규정한 시간의 단위(일, 주일, 월)에 따라 판매실적을 모눈종이에 기재하고 이것을 선으로 연결하면 톱니모양의 불연속적인 그래프가 생성되는데, 예측을 위하여 단순히 평균을 구하여 그리면 연속적 그래프로 변경된다. 이에 따른 연장선이 예측값이 되는 방법이다.

❷ 이동평균법

현재 시점으로 항상 가장 최근 실적데이터를 추가하여 평균값을 구하는 방법으로 대상기간이 매회 달라지므로 현재 시점의 변동요인이 가장 많이 반영된 예측값를 구할 수 있다. 특히 패션비즈니스에서는 7~8월에 경기가 좋지 않으므로 이때에 성수기 데이터를 대입하기보다는 계속적으로 이동하여 이동평균값을 구하여야 오차범위를 줄일 수 있다.

❸ 지수평활법

지수평활법은 당월 이동평균실적에 새로운 경향계수를 리드타임만큼 더하는 방식으로 앞으로 올 변수를 반영하는 방법이다.

지수평활법의 계산식은 아래와 같으며 여기서 α는 가중평균으로 당월 실적에 10%의 가중치를 붙일 경우 $\alpha = 0.1$이 된다.

지수평활법 계산식

$$판매기대치 = 당월\ 이동평균실적 + \frac{(1-\alpha)\ (신경향계수)}{\alpha}$$

✓ 당월 이동평균실적 $= \alpha$(당월 실적)$+(1\alpha)$(전월 이동평균실적)
✓ 신경향계수 $= \alpha$(당월 변화값)$+(1\alpha)$(전월 변화값)
✓ 변화값 $=$ 당월 이동평균실적 $-$ 전월 이동평균실적

03
통계적 분석의 한계

통계적 분석법에 의한 판매예측은 돌발변수를 포함하고 있지 않다. 따라서 거시적 관점에서는 통계적 분석법에 의한 그래프와 실적의 오차범위가 적으나 미시적 관점에서는 제품별로 각각의 돌발 사항이 발생함에 따라 오차범위가 넓어진다. 예를 들어 어느 한 제품을 연예인이 입고 나왔다는 이야기가 SNS를 통해 퍼져나간다면 그 제품만 갑자기 폭발적인 인기로 매진될 수 있다. 이러한 정보는 통계적 분석에서는 잡아낼 수 없다. 따라서 사람의 꾸준한 정보 수집 활동이 필요하고, 결단력을 가진 사람이 최종적 결론을 결정하게 된다.

04
안전재고 (Safety stock) 관리

재고를 크게 나누어 보면 안전재고(Safety stock)와 운전재고(Running stock) 그리고 사장재고(Dead stock)로 나눌 수 있다.

그중에 안전재고(Safety stock)는 불확실한 수요변화에 대처하기 위해 보유하는 재고이다. 판매의 불확실성이나 자재조달의 불확실성에 대처하기 위한 방안으로 판매에서는 품절되어 판매기획의 로스(Loss)가 발생하는 것을 방지하는 역할이 되고, 생산에서는 미납될 가능성이 있는 자재를 미리 보유함으로써 납기를 준수할 수 있는 방안이 된다.

안전재고를 가져가기 위해서는 판매를 예측하게 되고 이에 따라 항상 오차가 발생하게 된다. 그러나 그 오차 정도는 통계적 분석을 사용하여 범위를 줄여나감으로써 합리적인 재고관리가 되도록 하여야 한다.

아래 그림은 '안전재고 예측 그래프'로 판매실적 관리를 통해 데이터를 축적하여 이를 실선으로 그려 넣었고, 이동평균법을 이용하여 얻어진 예측선을 굵은 점선으로 그려 넣었으며 예측그래프의 끝점 x가 예측값이 되는 것이다. 여기에 오차 범위의 최대값을 a로, 최소값을 i로 표시하였다. 실제 수요가 예측값 x보다 큰 a가 되면 결품이 발생하고, 반대로 예측값 x보다 적은 i가 되면 공급과잉이 된다.

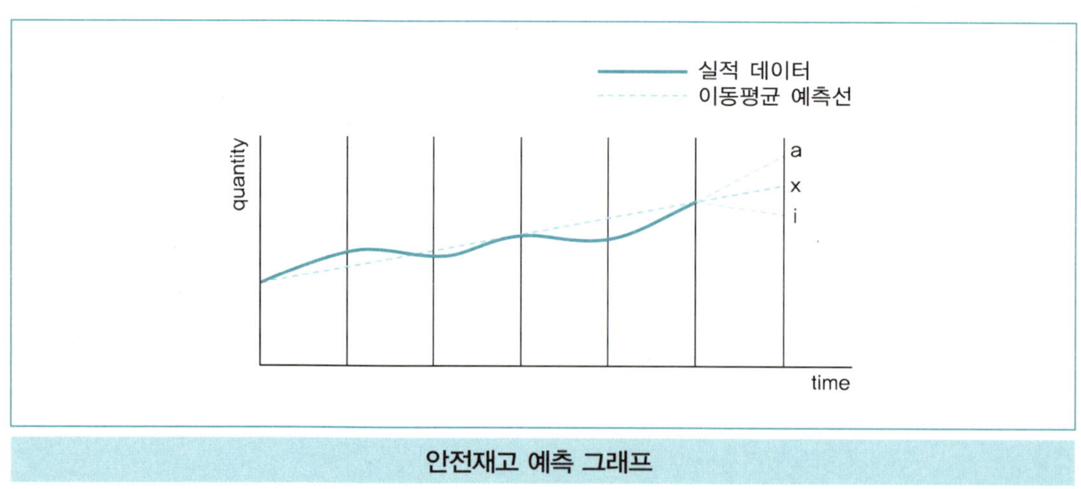

안전재고 예측 그래프

05 운전재고 (Running stock) 관리

정상(正常)재고라고도 하고 불량재고(Dead stock)의 반대의미로 쓰인다. 기업이 어느 규모로 생산, 영업활동을 계속하기 위해 필요한 재고로 이것이 부족하면 생산조정 또는 판매감축을 등의 문제가 발생하고 과잉이 되면 체화(滯貨)상태가 나타나고 재고비용이 증가한다.

또한 운전재고는 계속적으로 변동되기 때문에 재무회계적인 방법의 기초재고와 기말재고로 나타내면 재고변동의 실태를 파악할 수 없다. 따라서 컴퓨터 시스템을 사용하여 리얼타임으로 처리하여 입/출고를 정확히 파악해야 한다.

아래 그림은 '운전재고의 제어 그래프'로 제어하지 않은 상태에서 운전재고의 실제 변동 곡선을 실선 모양으로 그려 넣었는데 때로는 기준 재고 이하로 내려가서 차기 생산에 문제 발생 소지가 높아진 것이 보인다. 반면에 제어된 운전재고의 곡선은 굵은 점선으로 표현하였는데 항상 기준재고 이하로 내려가지 않도록 하여 생산에 지장을 주지 않도록 하면서도 기준재고에 다다르면 로트 사이즈만큼 재입고되어 차기생산을 준비하게 된다. 이때 과잉이 되지 않도록 효율적으로 통제해야 한다. 또한 그래프를 보게 되면 납기 후 재입고 시 경제적 발주량 때문에 로트사이즈 만큼 입고되어 수직으로 상승하는 그래프를 볼 수 있다.

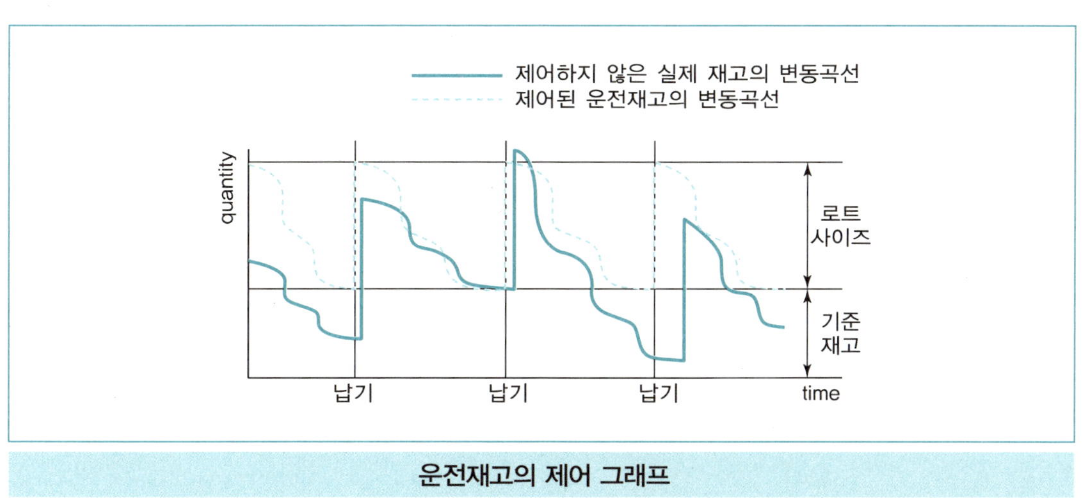

운전재고의 제어 그래프

06

**사장재고
(Dead stock)
관리**

사장재고(Dead stock)란 정상판매의 가치를 잃어 몇 년째 창고에서 출고되지 않은 채 방치된 재고를 말한다.

패션제품은 비즈니스의 특성상 사장재고의 발생율이 높다. 유행이나 계절을 조금만 잘못 예측해도 재고가 발생되고, 발생된 재고는 유행이 지났기 때문에 정상적인 방법으로는 판매를 할 수 없다. 이러한 사장재고의 누적은 자금회전의 악화를 가져오고, 비효율적인 창고 공간의 차지와 유지비를 발생시킨다.

따라서 사장재고가 되기 전에 관리와 회전을 통해 활성화시켜야 한다. 패션제품은 창고 보관 시 항상 연도별 · 시즌별 구분을 하여 구획을 나누어 보관하여 시즌이 돌아오면 재출고할 수 있도록 정리하여야 한다. 또한 재고 판매 전문 유통점인 아울렛(Outlet)을 정상 판매점과는 별도로 구분하여 출점하여야 하며, 재고 판매 시에는 연차별로 할인율을 다르게 하여 판매하고, 4~5년차가 넘은 재고에 대해서는 별도의 처분할 수 있는 공식적인 방안을 세워야 한다.

07

재고조사

재고조사(Inventory taking, 在庫調査)는 일상의 활동에서 파악되지 않은 항목을 파악하여 장부잔고와 실제 잔고의 불일치를 보정하기 위한 자료를 얻기 위한 경영활동 행위이다.

재고자산에는 원재료, 구입부품, 부분품, 반제품, 완제품 등 제조의 각 공정별 저장품이 있고, 완성품재고는 창고 재고뿐만 아니라 운송 중인 재고와 매장에서 보유한 재고까지를 포함한다.

재고평가의 원칙은 취득원가에 의하나 판매시즌이 지나면 감가상각을 하여야 하며, 손상, 오염, 변색 등으로 판매할 수 없을 때에는 평가절하하거나 손실처리를 해야 한다.

재고조사 방법으로는 연말에 실시하는 정기적 실지 재고조사, 세일 전후 분실 또는 손상을 보정하기 위한 임시적 실지 재고조사, 창고와 같이 출/입고가 계속적으로 이루어지는 곳에서는 계속적 실지 재고조사를 시행한다.

Reorder & Spot 생산

01 Reorder의 필요성

팔릴 제품만을 생산하여 100% 판매소진을 시키는 것이 패션비즈니스의 이상적인 목표지만, 불확실한 미래를 완벽하게 예측한다는 것은 불가능하다. 따라서 예측이 빗나가서 저조한 판매율로 많은 재고의 부담을 안고 가지 않고 예측이 적중된 제품을 가능한 많이 생산하여 많이 판매함으로써 전체적인 판매율 또는 소진율을 높이기 위한 수단이 필요하다.

리오더(Reorder)는 제품 출고 직후 고객의 반응을 면밀히 관찰하여 가장 빠른 시일 내에 신속히 실행(Q/R ; Quick Response)하는 데 성공 여부가 있다. 판매율을 높이는 가장 좋은 방법으로 과감한 결정과 지속적 실행이 중요하다.

02 Reorder System

제품의 수명주기에서 성숙기 이전에 제품을 공급하여야 가장 효율적 판매를 할 수 있다. 따라서 짧은 판매기간에서도 판매반응에 대하여 정확히 분석할 수 있는 조직 및 POS(Point of Sales) 시스템은 필수적으로 갖춰야 하며, 사전준비 및 체계적 생산관리로 신속성을 높여야 한다.

리오더 시스템(Reorder System) 운영 시 유의점은 아래와 같다.

❶ 리오더(Reorder) 의사결정 전에 원자재의 상황 및 대체 원단의 현황을 사전에 파악한다. 즉, 본사 비축 원단의 현황, 업체 보유 원단의 현황, 신규 발주시 염색 기간, 대체 소재 사용 시 퀄리티(Quality), 가격, 납기, 컬러 등이 파악되어야 한다.

❷ 리오더(Reorder) 의사 결정시 판매기간에 대한 정확한 설정과 이에 따른 판매가능 수량의 정확한 분석 및 과감하고 결단력 있는 의사 결정이 필요하다.

❸ 리오더(Reorder) 결정에 따라 의사결정 내용이 관련 부서에 신속하고 정확히 전달되어 즉시 현업적 업무가 이루어져야 한다.

❹ 가장 빠르게 생산될 수 있도록 디자인, 원·부자재, 패턴 등은 될 수 있는 한 변경하지 않으며, 만일 부득이하게 변경이 필요한 사항에서는 현업 담당자가 즉각 결정할 수 있는 전권을 부여하여 빠르게 변경될 수 있도록 한다.

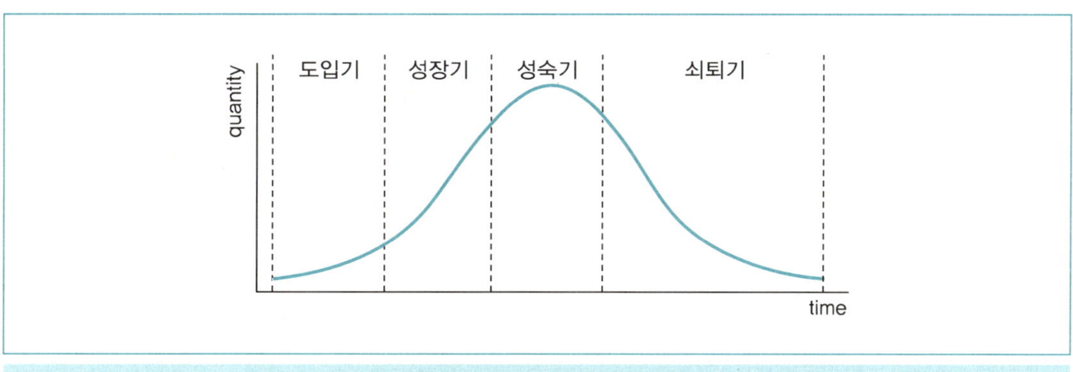

패션제품 생명주기(Life Cycle)

03 Reorder의 실례

대상 제품

남성복 자켓, 2013년 봄 시즌, 판매가 290,000원, 최초 생산 수량 300pcs

D-day(출고)

2012/12/13(목요일) KMA3SJ003, 290,000원
Jacket 300pcs 기획에 244pcs를 생산하여 최초 출고(잔여분은 추후 입고)

출고에 따른 반응을 빨리 알아보기 위한 방법으로 주말 전인 목요일 또는 금요일에 출고하거나, 전 시즌(2012년 winter)의 세일(Sales)이 끝나기 1주일 전에 출고하여 입점 고객이 많을 때 상품에 대한 반응을 미리 파악한다.

D+11~18(1차 판매분석)

2012/12/24(월요일) 판매율 28.57%
사전 비축 원단 250pcs 분량에 대한 Reorder 생산 결정

사장, 사업부장, 영업팀장, 기획팀장, 생산팀장이 배석한 판매분석회의를 통하여 제품의 판매반응의 정도를 파악하고 제품의 최종 판매시기를 점검하여 Reorder를 결정한다.

D+26~33(Reorder 생산 분량 입고)

2013/1/15(화요일) 약간의 이색으로 인하여 품번을 J103으로 교체하였고, 256pcs가 입고(연휴로 인한 약간의 생산지연이 있었음)

최단 기일 안에 생산, 입고될 수 있도록 사전 생산준비를 하여야 한다.

D+39(2차 판매분석)

2013/1/21(월요일) J003의 판매율은 52.01%,
리오더한 J103의 판매율 11.03%로 추가로 500pcs분의 원단 확보 및 200pcs 추가 생산지시

판매분석회의를 통하여 제품의 최종 판매시기가 길다고 판단되고, 제품의
판매반응의 정도가 폭발적이라고 판단되면 2차 물량을 준비한다.

D+49(Reorder 2차 생산 분량 입고)

2013/1/31(목요일)
2차 리오더를 진행한 분량의 이색으로 인하여 J113로 품번을 변경하여 182pcs 입고

D+61(3차 판매분석)

2013/2/12(화요일) 추가로 비축한 원단 중 잔여분 300pcs에 대한 생산지시를 판매시기
를 고려하여 여름 품번으로 교체하여 J203으로 생산지시

원단 비축 분은 판매잔여일수를 계산하여 성숙기 이전에 입고되어 판매할
수 있도록 일정 시점까지 생산지시를 하여야 재고에 대한 부담을 줄일 수
있다.

D+74(Reorder 3차 생산 분량 입고)

2013/2/25(월요일) 여름 품번 J203으로 교체하여 생산한 265pcs가 입고

D+81(4차 판매분석)

2013/3/4(월요일) J203 판매율 22.26%, 여름시즌에도 러닝(Running)으로 팔릴
것으로 판단하여 원단을 얇은 퀄리티로 변경하여 스팟(Spot)기획으로 300pcs 생산을
결정

러닝(Running)으로 팔 수 있는 제품으로 판단되면 시즌감을 고려한 유사원
단을 수배하여야 하며, 또한 판매 종료 시점을 고려하여 시즌 품번을 바꿔서
판매기간이 재구성되도록 설정하여야 한다.

D+106(Spot 생산 입고)

2013/3/29(금요일) 스팟(Spot) 생산 품번 J213으로 299pcs가 입고된 이후에도 계속적으로 리오더(Reorder)를 실시하여 J223, J233으로 총 459pcs가 입고(후염으로 인한 이색이 있음)

여러 번의 리오더(Reorder)로 인하여 품번이 나누어지는 것은 지역별로 분리한 후 운영하여 섞이지 않도록 해야 한다. 너무 많은 품번은 관리가 힘들어지므로 항상 유의하여야 한다.

D+125(봄시즌 판매마감)

2013/4/17(수요일)
봄시즌 생산품번 판매마감 J005 304pcs 생산 248pcs 판매로 81.58%,
J105 272pcs 생산 248pcs 판매로 91.18%,
J115 182pcs 생산 166pcs 판매로 91.21%,
J203 265pcs 생산 201pcs 판매로 75.85%(여름품번으로 판매 진행 중),
J213~J233 459pcs 생산 256pcs 판매로 55.77%(역시 여름품번으로 판매 진행 중),
TTL 1,482pcs 생산, 1,119pcs 판매 75.55%

최종 판매마감 시점에 리오더된 제품의 판매율이 평균판매율 이상으로 마감되면 이상적인 물량으로 리오더가 진행된 것으로 판단한다. 그러나 너무 높은 판매율은 물량이 부족하게 리오더된 것이므로 판매기회의 로스(loss)가 발생된 것으로 판단할 수 있다.

※ 상기의 실례는 판매기간이 길었던 제품이었으나 제품의 특성, Item의 특성에 따라 제품수명이 짧은 제품이 있으므로 이에 유의하여야 한다.

04 Spot

❶ 스팟(Spot) 생산의 필요성

시즌 중에 실시하며, 당초 기획에서는 누락되었으나 널리 유행하여 꼭
필요한 상품, 생산 진행상 문제점에 발생하여 유사소재로 대체해야 하
는 상품, 기획에서 빠진 컬러(Color)나 사이즈(Size)를 보완해야 하는
상품이 필요할 경우 스팟(Spot) 생산을 하게 된다.

❷ 의사결정 전 사전 파악 내용

스팟(Spot)도 리오더(Reorder)와 같이 스피드(Speed)가 가장 중요하
다. 따라서 상품기획자(M.D.)는 의사결정 전에 사용될 소재의 정확한
제원을 파악하여 의사결정이 명확하게 될 수 있도록 해야 한다.(퀄리티
샘플, 혼용율, 컬러, 폭, 단가, 납기, 현재 수량, 보유위치 그리고 대체
소재, 판매기간, 제품 제조원가, 판매가, 배수 등)

❸ 스팟 시스템(Spot System)의 구성

새로운 디자인의 제품이 필요한 경우라도 새로운 디자인을 하고 샘플을
만들어 보정을 하고 작업지시서를 작성하여 새로운 패턴을 만드는 기존
의 일련과정을 거치게 되면 판매시점을 놓치게 된다. 따라서 스팟 제품
에 맞도록 일부 과정을 생략하거나 시간적 낭비(Time loss)를 최소화
하여야 한다. 또한 각각의 부서가 긴밀히 움직일 수 있는 유기적 조직
으로 구성하여야 하며, 만일에 일어나는 부득이한 사항에는 현업 담당
자가 즉시 결정할 수 있도록 전권을 부여하여야 한다.

Fashion Products Management

생산관리의 새로운 동향

ISO 9001

01
ISO 9000 시리즈

ISO는 국제 표준화 기구(International Organization for Standardization)의 약칭이며 ISO가 품질관리와 품질규정을 위한 국제규격 9000 시리즈를 제정하여 발표하여 왔다.

ISO 9000 시리즈를 제정한 동기는 국제적으로 인정할 수 있는 품질보증에 대한 기준을 만들어 국가 간의 기술장벽을 없애고 상호 인정할 수 있는 여건을 만들어 공급자나 수요자 모두가 품질에 대한 신뢰감을 주는 것이다. 업종은 기계, 자동차, 화학, 철강 등의 제조업, 서비스, 유통, 정보, 교육 등 산업 전반에 이른다.

품질보증체제 인증기업이란 ISO 9000 시리즈 규격요건에 따라 심사를 하여 품질 시스템을 적합하게 갖추어 운영하고 있다는 것이 국제적으로 인정된 기업을 말한다. 인증기업은 인증마크를 사용할 수 있어서 경쟁력 강화, 기업 이미지 향상, 신뢰성 증진 등의 이익이 있다.

02
ISO 9000의 구성

ISO 9000 시리즈에는 많은 규격이 있으나 품질보증체제의 인증이 필요한 경우 ISO 9001, 9002, 9003 중에 하나를 선택하여 받아야 한다. ISO 9003은 최종 출하시 검사부분만 보증하는 가장 간단한 보증제도이고, ISO 9001은 제품의 설계부터 개발, 제조, 불량, 부대서비스의 전 과정에 대한 인증이다. ISO 9002는 설계와 개발 부분은 빼고, 순수 제조부분과 불량, 부대 서비스에 대한 인증으로 일반적으로 가장 많이 받았었다. ISO 9004는 품질관리시스템을 개발하고 실행하기 위한 일반지침이다. 그리고 ISO 9000은 이들 4개 규격의 안내서이다. 2000년부터는 ISO 9001로 통합되어 이용되고 있다.

03 ISO 9000 시리즈 2000년 개정판

2000년에 ISO 9002와 ISO 9003을 제거하고 ISO 9001로 요건서류를 단일화시키는 개정판이 나왔다. 경영시스템을 조직 프로세스에 연계시키고 서비스 산업을 포함하여 모든 제품과 산업분야 및 조직에 적용이 가능하도록 강화되었다.

이전에 어떤 형식을 갖추었나보다는 무엇을 어떻게 하는가가 중요한 프로세스 접근 방식으로 전환되었다. 또한 종합적 품질관리에 PDCA(Plan－계획, Do－실행, Check－검증, Act－개선) 요소를 도입, 조직 활동의 기준으로 삼는다는 원리를 적용하였고, 성과 중심의 지속적 개선에 초점을 맞추었다. 기타 경영시스템과 호환성이 증대되었고, 고객만족 실현을 중요한 항목으로 강조하고 있으며, 최고 경영층의 역할을 강조하였다.

04 ISO 9001 심사내용

ISO 인증을 위해 심사를 받기 위해서는 기업의 특성에 따라 ISO 9001에서 요구하는 항목의 정의와 규정, 조직도, 관련문서, 데이터 등이 필요하다. 구체적으로 조직규정, 업무분장, 디자인기준, 작업지시서, 작업표준규정, 월별 생산계획, 공정관리기준, 설비관리규정, 품질관리기준, 검사규정 등 매우 방대한 문서가 요구된다.

또한 이러한 매뉴얼(Manual)들이 형식상이 아닌 실제 업무와 유기적으로 연결되어 시스템이 구축되어 있는지가 주요 심사평가의 요인이 된다. 따라서 어느 한 순간에 만들어지는 것이 아니라 이전부터 하나하나 구축하여 기업의 특성에 맞게 안착된 시스템이어야 상호 간의 모순이 없게 된다.

ISO 9001 인증은 단순히 현장의 개선뿐만이 아니라 경영활동 전체에 영향을 미치기 때문에 위와 같은 항목까지도 관리체계를 구축하여야 한다.

| ISO 9001의 심사 항목 |

대항목	상세항목	비고
품질경영 시스템	• 일반요구사항 • 문서화 요구사항	• 조직의 표준 프로세스 • 프로세스의 상호연계 정립 • 제품을 만들기 위해 필요한 자원 • 프로세스를 측정하고 개선하는 방법의 수립 • 품질 매뉴얼 • 문서 관리 시스템 • 기록 관리 시스템
경영책임	• 경영 의지 • 고객 중심 • 품질 방침 • 기획 • 책임, 권한 및 의사소통	
자원관리	• 자원확보 • 인적 자원 • 기반구조 • 업무환경	
제품실현	• 제품실현의 기획 • 고객 관련 프로세스 • 설계 및 개발 • 구매 • 생산 및 서비스 제공 • 모니터링 장치 및 측정장치 관리	• 제품/서비스를 제공하는 데 필요한 모든 프로세스 • 고객 요구사항 접수 • 제품의 설계, 개발, 구매, 인도 등 모든 활동에 대한 규정
측정·분석 및 개선	• 일반사항 • 모니터링 및 측정 • 부적합제품의 관리 • 데이터의 분석 • 개선	

05 ISO 9001 효과

ISO 9001의 인증을 받게 되면 아래와 같은 효과가 발생한다.

❶ 경쟁력 강화

ISO 9001은 단순히 품질관리만을 규정하는 것이 아니라 조직체계나 시스템적인 관점을 보기 때문에 국제적으로 통용되는 경쟁력을 갖출 수 있다.

❷ 기업이미지 향상

ISO 9001 인증은 품질관리 수준과 체계가 일정 수준을 갖추었다는 국제 공인이므로 기업평가나 사회적 평가가 향상된다.

❸ 신뢰성 증진

해외 사업 진출이나 공공사업 입찰에서는 ISO 9001 인증 취득을 기본 조건으로 하는 경우가 많다. 따라서 신뢰할 수 있는 기업의 요건을 갖추기 위해, 더 나아가 글로벌 시대를 대비하여 ISO 9001 인증서가 필요하다.

인증서 번호

ISO 9001 인증기관 마크

38 SECTION / ERP

01 ERP란?

ERP는 전사적 자원관리(Enterprise Resource Planning)의 약칭으로 기업 전체를 경영자원의 효과적인 활용이라는 관점에서 통합관리하는 수단이다.

넓은 의미로 기업의 모든 자원을 최적의 상태로 만들기 위해 기업의 전체 자원을 관리하고 업무를 통합관리하는 것이고, 좁은 의미로 본다면 통합적인 컴퓨터 데이터베이스를 구축하여 기업의 구매, 생산, 판매, 자금, 회계 등의 모든 업무가 효율적으로 흐르도록 자동 조절해 주는 시스템을 뜻한다.

기업 전반의 업무프로세스를 통합관리하여 실시간으로 경영상태를 파악하고, 정보를 공유하며, 빠르고 투명하게 업무를 처리하는 것을 목적으로 하고 있다.

02 ERP의 역사

1980년도 초에 등장한 MPR(Material Requirement Program, 자재소요량관리), MRPII(Manufacturing Resources Planning, 생산자원관리), MIS(Management Information System, 경영정보시스템) 등의 자원관리 기법이 발전하여 등장하게되었으며 미국, 유럽, 일본 등 선진국의 다국적 기업이 경영을 위한 종합적 전산망을 구축하면서 상기의 기법들을 통합하여 ERP를 개발하게 되었다.

국내에서는 외국에서 개발된 ERP를 들여오면서 Enterprise Resource Planning를 '전사적 자원관리'라고 번역하여 소개하였다.

요즈음은 ERP를 구현하기 위해 사용하는 소프트웨어를 'ERP 패키지'라고 하는데, 어느 한 컴퓨터에 데이터베이스를 만들고 개방형 네트워크로 접속하여 전사적으로 자동 연결하게 되어 있어 별도의 인터페이스 없이 통합운영이 가능하도록 만들어진다.

03 ERP 운영의 기본 컨셉 (Concept)

ERP를 도입할 때에 경영혁신을 위해 기본적으로 가져가야 하는 개념들을 나열해 보았다.

❶ 개방형 네트워크

언제, 어디서나 접속이 가능하고 어떠한 형태의 컴퓨터나 모바일(Mobile)로도 접속할 수 있게 설정한다.

❷ 리얼타임

데이터의 등록과 첵크 등이 실시간으로 이루어져야 현물과 문서상의 갭이 발생하지 않고, 의사결정 정보를 신속하게 제공한다.

❸ 데이터의 공유

전체 데이터를 공통적으로 사용하고 업무를 단순화·표준화하였기 때문에 어느 부서가 데이터를 출력해도 일관성이 있다.

❹ One fact, One place, Database

하나의 사실에 대한 데이터 입력은 한 장소에서 한 번만 입력하도록 하여 과거 같은 업무를 다른 부서에서 보고를 위해 서로 입력하는 낭비를 줄이고 통합적으로 관리되게 한다.

❺ 사용자 맞춤

표준화된 모듈(Module)로 구성되어 사용자에 맞게 정해진 규칙에 따라 패러미터(Parameter)를 입력하면 사용자가 원하는 형태로 변경하여 사용할 수 있다.

04 ERP 운영의 효과

ERP를 운영함으로써 얻을 수 있는 기대효과는 다음과 같다.

❶ 기획, 구매, 생산, 영업, 창고, 경리 등의 모든 부서가 필요한 정보를 동시에 갖게 되므로 기업의 전 부분이 통합적으로 돌아간다는 점이다.

❷ 생산시간의 손실을 최소화시키고, 부품조달을 합리적으로 기획할 수 있고, 긴급하게 발생한 새로운 수주에도 실시간으로 대처 할 수 있다.

❸ 재고의 정확도가 개선되어 기존에 년에 1~2회했던 전 사원을 동원하여 동시에 실시하는 실사방식의 재고조사에서 순환실사가 가능해진다.

❹ 주기적으로 재고부족과 과잉 등의 원인을 추적하여 오류를 수정함으로써 투명한 회계 상황을 만들어 준다.

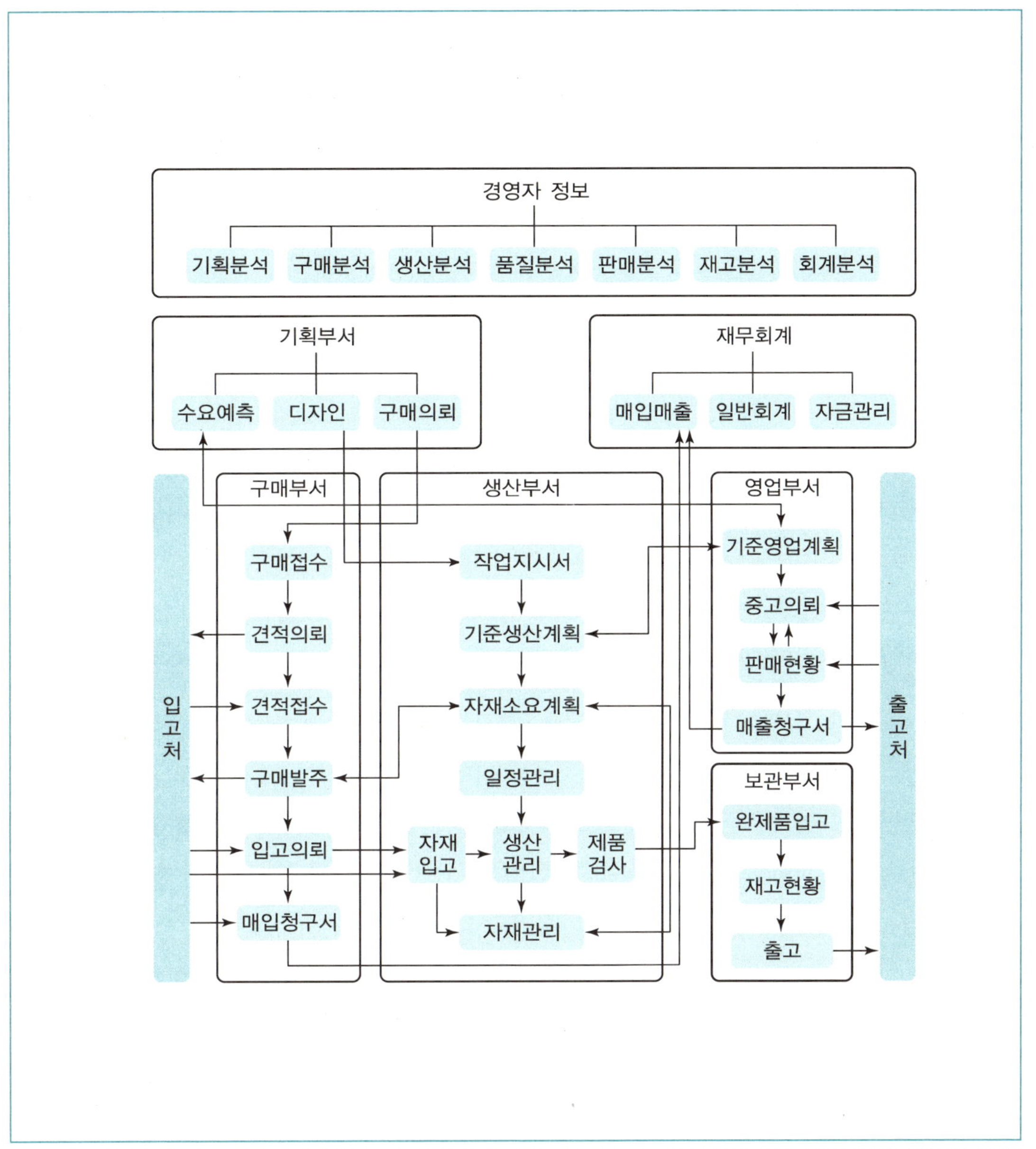

패션기업 ERP 개념도 예제

6 SIGMA

01 6 SIGMA란?

시그마(Sigma, σ)는 그리스 문자로 통계학에서 표준편차(Standard Deviation)를 나타낼 때 사용한다. 그러나 기업경영 전략에서는 프로세스의 질을 나타내는 말로 사용한다. 따라서 6시그마 품질수준이란 표준편차 값의 6배 정도 되는 결함을 일컫는데 그 정도가 2ppb(parts per billion), 즉 10억 개 중에 두개 밖에 되지 않는다. 즉, 무결점 운동이라 할 수 있다.

6시그마를 경영전략을 채택한 회사들로는 미국의 모토롤라(Motorola), GE(General Electric), TI(Texas Instruments), 소니(Sony) 등 세계적인 초우량 기업들이 있고, 국내에서도 삼성그룹, LG그룹, 한국중공업 등에서 이를 도입하여 품질혁신을 이루었다.

6시그마는 무조건 열심히 일하는 것이 아니라 효과적으로 일하는 것으로 실수를 최대한 적게 하는 것을 의미한다. 기업 내에 문제해결 과정과 전문가 양성 과정 등을 두고 효율적인 품질문화를 만들어 나아가며, 계속적인 품질혁신과 고객만족을 달성하기 위해 전사적으로 실행하는 경영전략이다.

02 MAIC

6시그마 운동의 효과적 추진을 위하여 통계적 사고를 가지고 프로세스의 문제를 해결하며 고객만족의 관점에서 품질개선 작업을 하게 된다. 여기에는 매니지먼트 사이클을 사용하게 되는데 측정(Measurement), 분석(Analysis), 개선(Improvement), 관리(Control) 4단계로 나누어 실시하고 있다. 각 단계의 첫 글자를 따서 'MAIC'라고 부른다. 그 내용은 측정과 분석을 통해 문제점을 찾아내고, 문제 해결방법을 제시하여 실제로 개선작업을 실행하며, 제어하고, 감시하여 품질의 개선상태를 유지시키는 것이다.

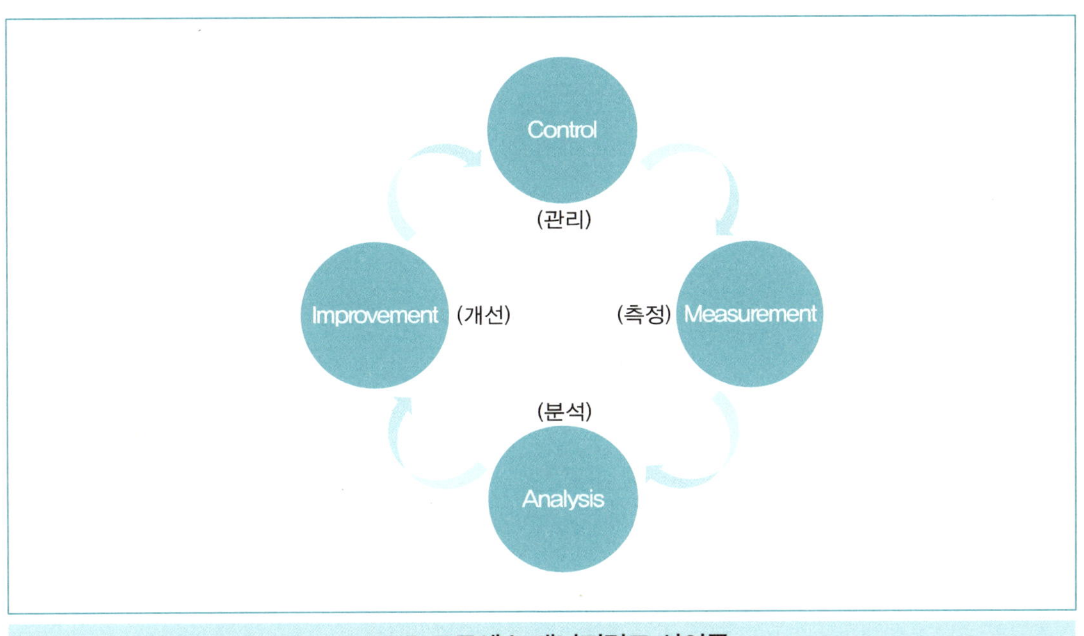

MAIC 프로세스 매니지먼트 사이클

03

M
(Measurement)

6시그마 활동의 대상과 범위를 정의하는 단계로, CTQ(Critical to Quality, 품질평가의 중점요소)에 영향을 주는 중요한 프로세스의 결함이 무엇인지 파악하고 여러 가지 통계적 기법으로 이를 측정한다.

목표를 명확히 하여야 하며 측정방법, 평가기준, 목표점수 등을 설정해야 한다. 평가 기준에 따라 정보를 수집하고 측정하여 결과를 읽을 수 있도록 변환 가공한다.

04

A
(Analysis)

프로세스를 불규칙하게 만드는 변수를 알아내기 위한 과정으로 결함(Defect), 손실(Loss), 실수(Miss) 등의 다양한 요인을 분석한다.

전사적 최적화와 부분 최적화의 상관관계를 파악하고 목표 달성을 위한 주요인 분석, 강점을 살리고 약점을 보완하는 자사의 대응력 평가, 전사최적화의 주요 테마 및 자사의 약점에 우선순위를 부여한다.

05

I
(Improvement)

업무 프로세스의 개선을 목표로 설정하고 구체적인 대책을 수립하는 단계로 개혁의 조직을 만들고, 개선의 방향을 결정하며, 달성시기, 평가기준, 추진 책임자 등을 설정하여 개혁을 실행하게 된다.

이때 가장 중요한 역할을 하는 것이 블랙벨트(Black belt)라는 전문 멤버로, 6시그마는 혁신의 중심이 되는 이러한 멤버 육성에 대한 교육과 훈련을 중요시한다.

06

C
(Control)

개선을 한 이후에 프로세스가 제대로 유지되는지를 체크리스트를 통해 검증하는 단계이다.

관리의 단계에서는 검토방법을 정하고 타이밍에 맞춰 결과를 수량화하여야 하며, 문제가 발생할 때에는 배제시키고, 지원을 재배분하여야 한다. 수준을 정착화시켜야 하며, 수준의 상향 조정도 스텝 바이 스텝(Step−by−step)의 레벨업 계획을 세워 실시해야 한다.

07 6 SIGMA의 현황

6시그마는 제조 및 유통에 관련하여 결함, 손실, 실수를 축소하고 제거하기 위한 목적으로 개발되었지만, 현재는 공공부문과 서비스 분야로 확대되어 많은 성과를 이루고 있다.

미 해군과 지방정부 그리고 주요 병원에 도입하여 프로세스의 효율화, 타임사이클(Time cycle)의 감소, 비용절감 등의 가시적인 성과를 내고 있다.

국내에서는 KT, 포스코, 삼성, LG 등의 주요 대기업과 협력업체들이 도입해서 가시적인 성과를 내어 중견기업까지 도입의 폭이 확대되었고, 금융, 연구개발, 정부 부처 등 다양한 부분에 6시그마를 도입하고 있다.

이제는 6시그마를 기법이 아닌 사고의 틀로 수용하고 있다. 6시그마적인 사고의 틀은 다음과 같이 정의할 수 있다.

POINT

"고객의 관점에서 문제를 정의(Define)하고, 현재 상황을 객관적 지표로 측정(Measure)하여, 문제와 원인을 과학적 · 체계적인 방법으로 분석(Analyze)하여 핵심원인을 파악(Understanding grasp)하여야 하며, 실무적 · 계수적인 지표로 개선(Improve)방안을 수립하고, 개선된 상황을 지속적으로 관리(Control)하고 발전시킨다."

$$6\sigma$$

Fashion Products Management

Final Check Point

01 생산 평준화를 위한 부하관리 방법

부하량이 생산능력보다 큰 경우 능력을 증대하기 위한 인원보충, 특근, 한시적 외주처리 등을 하여야 하고, 부하량을 감소시키기 위해 납기 연장이나 발주 취소를 하여야 한다.

반대로 생산능력이 크고 부하량이 적을 경우에는 생산능력이 부족한 공정에 대하여 인원을 이동하거나 신규 오더를 수주하는 등의 부하량 증가를 위한 노력을 하여야 한다.

02 절차비(Set-up cost)

공장을 돌리기 위해 기계를 켜고, 정비하며, 제품에 맞게 설정(Setting)하는 데 발생하는 비용을 말한다.

03 재고자산비용(Inventory cost)

중간품이나 완성품을 쌓아 놓아서 재고가 증가하면 창고비용, 운영비용, 제품가치의 감가상각이 발생하게 되는데 이를 재고자산비용(Inventory cost)이라 한다.

04 MPS(Master Production Scheduling)를 구하는 방법

절차비(Set-up cost)를 줄이기 위해 한번에 많이 생산하게 되면 재고자산 비용(Inventory cost)이 증가하게 되고, 재고자산비용을 줄이기 위해 생산량에 따라 매번 설비를 설정을 하게 되면 절차비(Set-up cost)가 증가하게 된다. 이러한 상반되는 관계를 상쇄(Trade off)라 한다.

MPS(Master Production Scheduling)는 비용을 최소화할 수 있는 생산량과 생산분기(Shift)를 구하는 것이다.

05 생산능력(Product Capacity)의 효율을 구하는 공식

$$효율(Efficiency) = \frac{실제생산량(Actual\ quantity)}{유효능력(Effective\ capacity)}$$

06 최적의 생산능력을 갖추기 위해 검토해야 하는 5가지 사항

❶ 시장수요의 변화와 성장 가능성

❷ 기술 변화의 속도 방향성

❸ 기존설비의 최적 운영수준과 신규설비의 최적 규모

❹ 생산능력 증설에 필요한 시간과 운용자금

❺ 다양한 요소에 따른 입지의 선정

07 부하계획이 정확하지 않을 때 나타나는 부작용

부하계획에 착오가 발생하면 주문을 놓치게 되던지, 반대로 주문을 받고 납기를 놓치게 된다. 또는 부하가 많이 걸리는 공정이 있다면 잔업이나 휴일근무를 한다든지 납기를 연장하여야 한다.

08 수요를 초과하는 생산능력을 갖추었을 때에 나타나는 부작용

지속적인 가동을 위한 초과생산이 발생하고, 이에 대한 재고비용이 발생되며 이를 소진하기 위해 과도한 가격할인 등의 문제가 발생한다. 또한 대규모 자동화 설비 시 노동인력은 감소하나 설비를 안정적으로 운영하기 위한 유지 · 보수 비용이 증가한다.

09 자재소요계획(MPR)의 정의

생산에 필요한 자재(what)를 적정한 가격(Just price)으로 필요한 곳(Where)에 필요한 시점(When)에 필요한 양(How much)만큼 공급할 수 있도록 계획 · 구매 · 보관하는 일이다.

10 자재소요계획(MPR)의 3가지 단계

① 계획

② 구매

③ 보관

11 리드타임(Lead time)의 단축이 가져오는 효과

비용 측면에서 전체적인 원가절감으로 이어진다. 자재가 발주되는 순간 이에 대한 인건비와 재료비 등이 발생하고, 납품하는 순간에 이 비용이 회수되므로 기간이 길어질수록 이자 비용이 발생하고 보관이나 관리를 위한 추가적 비용도 발생한다.

12 구매관리 업무의 정의

구매관리 업무는 기업에 필요한 물품을 각 부문별 거래처와 연결하여 적합한 가격, 품질, 수량, 납기 등에 맞춰 확보함으로써 기업의 이익을 창출하는 활동이다.

13 구매관리의 절차 8단계

① 구매요청

② 업체 선정 및 견적의뢰

③ 견적검토 및 구매품의

④ 구매계약 체결

⑤ 발주(發注)

⑥ 입고

⑦ 과부족 및 불합격품의 처리

⑧ 대금지불

14 보관업무를 즉시화하기 위한 시스템

자재를 분류하여 코드화해야 하며 식별표식을 하고 수량을 확인한 후 입/출고해야 한다.
자재의 입/출고 기록은 발생 후 즉시화(卽時化)하여야 한다. 특히 판매 시 점정보관리
(Point Of Sales ; POS)시스템을 사용하여 즉각적인 피드백(Feedback)을 하여야 한다.

15 패션제품 생산관리에 많이 사용하는 간트차트(Gantt chart)의 종류와 내용

❶ 작업할당표 : 세로축에 작업자나 작업 라인 등이 계정으로 들어가고 일정별 작업내용
을 막대그래프로 그린다. 이때 다른 업무는 컬러나 형태로 구분하여 표시한다.

❷ 계획 대비 실적표 : 세로축에 품목이나 작업자 등이 나열되고, 목표일정과 실적을 같
이 기록하여 작업의 부하 정도를 알 수 있다.

❸ 진도관리표 : 세로축에 업무가 일어나는 순서에 입각하여 나열해야 하고, 막대그래프
로 업무를 수행하는 기간을 설정하여 그리게 된다. 일반적인 업무스케줄에 가장 많이
쓰이는 유형이다.

16 APS(Advanced Planning and Scheduling, 자동화 스케줄링)

작업할 제품의 고유특성을 고려하여 최적의 알고리즘(algorithm)을 선택하여 정확한 일
정관리를 하게 해준다. 또한 여러 제약조건의 변화에 따라 제작 상황을 유연하게 변동시
켜 주어 납기를 준수하기 위한 여러 가지 대안을 찾아준다.

17 일정계획의 포워드 계획과 백워드 계획

일정계획을 수립하는 방법으로 포워드 계획(Forward plan)과 백워드 계획(Backward
plan)이 있다. 포워드 계획은 생산 개시일을 기점으로 공정별 작업기한을 설정하여 각 공
정들을 연결하여 조합한 후 최종 납기가 나오는 방식이고, 백워드 계획은 최종 납기일을
맞추고 이를 역산하여 생산 개시일을 정하는 방식이다.

18 진척관리를 하기 위해 사용되는 시스템

생산관리 매니지먼트사이클의 계획(Plan) − 실행(Do) − 평가(See)가 반복적으로 이루어지면서 진척관리가 조정, 통제되는 시스템이다.

19 진척관리의 전략 중 유닛(Unit)화

제품의 일정 로트(Lot)를 담을 수 있는 상자나 팔레트(Pallet)를 사용하면 제품을 낱개씩 세지 않고 유닛(Unit)별로 카운트하여 관리가 편하다.

20 공정분석기호 중 ⬦ 기호

양과 질의 검사

21 공정분석기호 중 △ 기호

소재의 보관

22 작업절차계획을 수립하여야 하는 이유

동일 제품을 만들 때 작업순서가 표준화되어 있어 반복생산할 수 있고, 유사제품의 경우에도 이를 참조하여 작업절차를 빠르고 효율적으로 수립할 수 있다.

23 동작분석 중 서블리그(Therblig)

인간은 모든 작업의 움직임을 몇 개의 기본동작인 손을 든다, 잡는다, 붙인다, 민다, 나른다 등으로 나눌 수 있다. 서블리그(Therblig)란 이렇게 인간의 동작을 목적별로 세분화하여 모든 동작에 공통이 되는 기본동작에 주어진 명칭이다.

24 동작법 개선방법 중 양손 움직임의 방향

양손은 움직일 때 반대방향이나 좌우 대칭으로 운동하게 한다.

25 외주공정의 정의

제조 공정 중 기업 자신의 설비나 종업원을 사용하지 않고 외부의 생산자에게 일부의 공정을 위탁하거나 반제품이나 부품을 제조해야 하는 경우를 외주공정이라 한다.

26 좁은 의미의 공정관리 중 생산통제에 해당하는 관리시스템

- 진척계획
- 부하계획
- 재고관리
- 품질관리

27 프로세스 믹스(Process Mix)를 하는 이유

공정관리란 작업의 환경의 변화와 제품의 특성에 따라 생산의 설계부터 계획하고 통제하며 때로는 채산성을 고려하여 외주 공정까지 관리 감독하여 최종적으로 납품하고 판매되는 것까지를 관리해야 하는 것이기 때문이다.

28 패션제품 생산공정 중 마킹(Marking)

원단의 폭에 맞게 한 벌~여러 벌의 옷을 만들기 위한 패턴을 배치하는 작업이다. 좁은 공간에 들어갈수록 원가는 낮아지기 때문에 여러 가지 형태로 수많은 조립이 필요하다. 따라서 대부분의 패션기업들은 컴퓨터를 이용하여 작업하고 있다.

29 패션제품 생산공정 중 연단을 하는 이유

재단(Cutting)을 하기 위해 원단을 무장력 상태로 연단대(Fabric spreader platform) 위에 펴는 작업으로 소재의 특성에 맞는 방법을 사용해서 여러 겹으로 쌓아 올리게 된다. 저지(Jersey) 원단은 탄성과 레질리언스(Resilience)가 좋기 때문에 연단상태에서 하루 정도 재워 놓아도 제자리를 찾는다.

30 패션제품 생산공정 중 번들링(Bundling)

재단된 원단의 각 부위와 안감, 심지, 각종 부자재를 묶는 작업으로 이색이 발생될 수 있는 원단은 넘버링(Numbering) 작업을 통해 같은 판의 원단끼리 연결될 수 있도록 해야 한다.

31 패션기업의 업무단계별 공정 중 전체가 참여하여 결정하는 공정

품평회, 수량결정

32 외주관리의 정의

외주관리는 기업 외부의 자원을 활용하여 재료나 부품을 구하거나 완성품을 만드는 업무에 있어서 발주 과정에서부터 대금 지급까지의 모든 업무를 관리하는 일이다.

33 외주관리의 목적

좋은 품질의 제품을 필요한 양만큼 만들어 지정된 납기에 적정한 가격으로 구매하는 것이다.

34 외주관리의 목표(3가지)

❶ 문제를 신속히 처리
❷ 문제의 재발 방지
❸ 문제의 사전 방지

35 다품종 소량생산을 위해 외주거래를 하는 경우 주요 관리 대상

다품종 소량생산은 소품종 대량생산보다 많은 문제가 발생하므로 공정관리나 생산관리, 품질관리를 엄격히 실시해야 하며, 품질 개선, 리드타임 단축을 추진해 비용 개선으로 연결하는 것이 외주 관리의 역할이다.

36 저가 구매를 위해 외주거래를 하는 경우 주요 관리 대상

저가로 구매해야 할 경우 업체의 견적만으로 가격을 정하게 되면 최종적인 가격을 맞출 수 없다. 따라서 구매 가격을 미리 산출하는 구매가격 평가기준을 마련하여 차액요인을 개선해야 한다.

37 외주에서 아웃 소싱(Out Sourcing)으로 변화하는 이유

제조업을 둘러싼 환경이 안정성장시대에서 불안정정체시대로 격변했기 때문이다. 지금의 경영환경은 스피드업(Speed-up), 정보화, 다양화, 개방화되고 있고 기본적인 경영전략이 투하자본의 단기회수와 노리스크(No risk)정책, 효율화 등을 추구하고 있기 때문에 아웃 소싱이 제조업의 가장 중요한 전략과제가 되었다.

38 아웃 소싱과 외주의 근본적 차이점

외주가 피라미드 구조의 수직 하방적이라면 아웃 소싱은 매트릭스 구조의 수평 동등적이다.

39 오프쇼링(Off Shoring)을 하는 이유

첨단 정보통신 기술의 발달로 콜센터, 데이터 분석, 엔지니어링, 제품연구, 디자인 등이 임금격차가 많은 개발도상국으로 이전되어 미국 기업들이 영어 구사능력을 갖추고 인건비가 낮은 인도와 동남아 국가에 일을 발주하면서 문제가 발생했기 때문이다.

40 크라우드 소싱(Crowd Sourcing) 의 장점

기업활동의 일부과정을 대중이 참여하게 만들어 여기서 창출되는 수익을 참여자와 공유하는 일련의 활동을 말한다. 비용을 낮추면서 외부자원을 활용하여 창의적 발상과 전문성을 보완하고 호의적인 잠재고객까지 얻을 수 있다는 장점이 있다.

41 패션 프로모션의 형태의 분류

❶ 원 · 부자재를 공급받고 임가공만을 해주는 임가공 형태
❷ 원단을 제외한 부자재를 직접 구입해 완제품을 납품하는 CMT 형태
❸ 원 · 부자재를 직접 구입하고 완제품을 납품하는 완사입 형태
❹ 디자인만 전문적으로 해주는 스튜디오(Studio) 형태

42 임가공 형태의 프로모션의 장단점

❶ 장점 : 브랜드의 입장에서는 원 · 부자재 구매에 인력과 비용이 증가하나 생산제품에 높은 마진율을 적용할 수 있고 품질유지가 용이하다.
❷ 단점 : 프로모션의 입장에서는 기획의 비중이 적어 디자이너의 참여도가 적다. 따라서 하청공장과 유사한 형태이므로 기업의 경쟁력이 떨어진다.

43 C.M.T. 형태의 프로모션의 장단점

❶ 장점 : 브랜드의 입장에서는 부자재 부분의 발주와 관리에 대한 인력과 비용을 줄이고 원단의 마진만큼 생산비용을 절감할 수 있다.
❷ 단점 : 프로모션의 입장에서는 선투자되는 원단 비용을 절감하여 자금의 부담이 없으나 기획의 참여도가 낮으므로 마진이 적다.

44 완사입 형태의 프로모션의 장단점

❶ 장점 : 브랜드의 입장에서는 적은 인원의 디자이너를 가지고 운영할 수 있어 비용의 절감이 크나 브랜드의 독창성이나 독자적인 기술축적이 어렵다. 그러나 원·부자재의 구매 시 선투자되는 자금과 재고누적의 부담이 줄고 불량에 대한 기술적 위험부담률이 줄어서 가장 많이 선호되는 방식이다.

❷ 단점 : 프로모션 입장에서는 샘플제작에서부터 원단 및 부자재의 구매, 패턴제작, 재단, 봉제까지 일련의 모든 과정을 수행하는 만큼 기술력도 갖추고 위험부담도 크므로 마진율이 높다.

45 C.M.T. 방식을 취하는 상황의 실례

해외에 있는 하청공장의 경우에도 부피가 큰 충전재라든가 일반적인 부자재의 경우 운송비 절감을 위하여 현지에서 구입한다.

46 브랜드에서 완사입 방식으로 진행하는 것을 선호하는 이유

최근 많은 패션기업들이 일반관리비를 줄이고 QR(Quick Response)을 통해 효율을 높이고자 디자이너 수를 줄이고 프로모션의 의존도가 높아졌기 때문이다.

47 무역계약을 체결하기 위한 순서

❶ 해외시장조사

❷ 거래선 선정

❸ 자기소개서 발송

❹ 제품에 대한 문의와 답신

❺ 신용조사

❻ 거래제안

❼ 청약 및 주문

❽ 승낙 또는 반대 청약

❾ 계약체결

48 무역계약의 운송조건 중 FOB

Free On Board(본선인도조건)약칭으로 본선에 적재까지의 비용은 수출자가 책임지고, 그 후 운송, 운임 계약은 수입자가 체결하게 된다. 그 외의 비용도 수입자 부담이다.

49 무역계약의 운송조건 중 CIF

Cost, Insurance and Freight(운임, 보험료포함조건)의 약칭으로 FOB 조건에서 수출자가 운임과 보험료를 추가 부담하는 조건이다. 수출자가 지정된 목적항까지 물품을 운송하는 데 필요한 비용 및 운임을 지불하여야 하지만, 물품의 멸실 또는 손상의 위험 및 인도 이후에 발생하는 사건에 기인하는 모든 추가비용은 수출자로부터 수입자에게 이전된다.

50 무역거래 결제조건 중 현찰(Cash)거래 방식(2가지)

❶ COD(Cash On Delivery, 상품인도 결재방식)
❷ CAD(Cash Against Documents, 서류인도 결재방식)

51 화인(Shipping Mark)를 하는 이유

화물의 운송과 보관 시 화물의 분류를 원활히 하고 취급상 주의사항이나 지시사항 등을 포장 위에 표시하는 것으로 바이어가 셀러에게 요구한다.

52 House B/L

실제로 화물을 운송하는 선박회사가 아닌 이를 대행하는 운송중계인이 물품을 인도받았다는 표시로 발행하는 선화중권이다. 화물에는 적하목록의 번호와 B/L 번호를 조립한 화물관리번호가 자동으로 부여되므로, 이 번호를 통해 세관에서는 화물의 재고를 추적 관리하게 된다.

53 수입신고에 필요한 구비 서류(7가지)

❶ 수입신고서

❷ 수입승인서(수입승인물품에 한함)

❸ Invoice(송품장)

❹ Price Notification(가격신고서) – 관세 납부용

❺ 선하증권(B/L) 부본 또는 항공화물운송장(AWB) 부본

❻ Packing List(포장명세서)

❼ Certification of Origin(CO, 원산지 증명서) – 해당 물품에 한함

54 세관검사장 검사를 실시하는 이유

일부 수량의 검사만으로 검사목적의 달성이 가능하다고 판단되거나, 세관장이 정하는 물품으로 전량 세관검사장에 반입하여 검사할 수 있는 물품이다.

55 관세 및 제세금을 납부해야 하는 기한

수입신고를 한 물품의 화주가 납세의무자가 되어 수입신고가 수리된 날로부터 15일 이내에 국고 수납은행이나 우체국에 납부하여야 한다.

56 FTA를 하는 이유

관세가 낮아진 만큼 가격 경쟁력이 생겨 상품시장의 확대 및 투자 증대로 산업 활성화에 도움을 주는 촉진효과가 있다.

57 HS코드를 사용하는 이유

다자간 무역거래를 함에 있어 상품분류체계를 통일하여 관세, 무역통계, 운송, 보험 등을 일관성 있게 적용하기 위해서이다.

58 재고가 발생하는 이유

재고는 불확실한 미래에 정확한 수요예측이 불가능하기 때문에 재고를 보유함으로써 변화하는 수요에 대응하기 위해서이다.

59 재고의 성격에 따라 4가지 유형으로 분류하여 서술

❶ **안전재고(Safety stock)** : 완충재고(Buffer stock)라고도 하며 불확실한 수요변화에 대처하기 위해 보유하는 재고이다.

❷ **예비재고(Anticipation stock)** : 판매나 수요가 증가할 것을 미리 예측하여 의도적으로 사전에 준비하는 재고로 계절적인 수요에 대응하기 위하여 비축하는 완제품의 재고나 공장의 가동중지를 대비하여 원·부자재를 사전에 비축하는 경우 발생하는 재고이다.

❸ **주기재고(Cycle stock)** : 원·부자재 구입 시 경제적 주문량을 위하여 로트(Lot) 단위로 발주하여 당장 필요량보다 많은 양을 구입하여 발생하는 재고이거나, 완제품의 경우 판매점에서 시즌이 시작될 때에 상품의 구색을 갖추기 위해 코디 아이템으로 보유함으로써 발생되는 재고이다.

❹ **이동재고(Pipeline stock)** : 주문하고 대금을 지급하였으나 현재 수송 중인 제품으로 거리와 시간에 대한 함수관계가 있으며, 재고조사 시 놓쳐서는 안 되는 항목이다.

60 재고유지비용(Holding cost)

재고 보관 및 상태 유지 시 발생하는 비용으로 창고 임대료, 보관 컨디션 유지 비용, 창고 보험료, 세금, 재고자산에 투입된 자금의 금리비용, 도난 또는 변질 등으로 발생된 손실 비용 등이 이에 속한다.

61 재고부족비용(Shortage, Stock out cost)

품절로 인해 발생하는 일종의 기회손실로, 판매기회 손실, 고객상실, 긴급조치로 인한 추가비용 발생 등이 이에 속한다.

62 재고관리의 목표

수요에 신속히 대응하면서 총 재고비용을 최저로 유지하는 것이 기본이다. 재고를 보유함으로써 발생할 이익이나 재고를 보유치 못해 발생할 수 있는 손실보다 재고비용이 적게 들도록 적절한 관리가 필요하다. 따라서 각 단계별 재고비용의 절감을 위해 노력하여야 한다.

63 시계열 분석법(3가지)

❶ **단순평균법** : 미리 규정한 시간의 단위(일, 주일, 월)에 따라 판매실적을 모눈종이에 기재하고 이것을 선으로 연결하면 톱니모양의 불연속적인 그래프가 생성되고, 예측을 위하여 단순히 평균을 구하여 그리면 연속적인 그래프로 변경된다. 이에 따른 연장선이 예측값이 되는 방법이다.

❷ **이동평균법** : 현재시점으로 항상 가장 최근 실적데이터를 추가하여 평균값을 구하는 방법으로 대상기간이 매회 달라지므로 현재시점의 변동요인이 가장 많이 반영된 예측값을 구할 수 있다.

❸ **지수평활법** : 지수평활법은 당월 이동평균실적에 새로운 경향계수를 리드타임만큼 더하는 방식으로 앞으로 발생할 변수를 반영하는 방법이다.

64 안전재고(Safety stock)를 위해 사용하는 방법

불확실한 수요변화에 대처하기 위해 보유하는 재고이다. 판매의 불확실성이나 자재조달의 불확실성에 대처하기 위한 방안으로 판매에서는 품절로 인해 판매기획의 로스(Loss)가 발생하는 것을 방지하는 역할을 하고, 생산에서는 미납될 가능성이 있는 자재를 미리 보유함으로써 납기를 준수할 수 있는 방안이 된다.

65 운전재고(Running stock)를 관리해야 하는 이유

기업이 어느 규모로 생산, 영업활동을 계속하기 위해 필요한 재고로 이것이 부족하면 생산조정 또는 판매감축 등의 문제가 발생한다. 또한 과잉될 경우 체화(滯貨)상태가 나타나고 재고비용이 증가하기 때문이다.

66 패션제품을 사장재고(Dead stock)가 되기 전에 회전시키는 방법

패션제품은 창고 보관 시 항상 연도별·시즌별 구획을 나누어 보관하고 시즌이 돌아오면 재출고할 수 있도록 정리하여야 한다. 또한 재고 판매 전문 유통점인 아울렛(Outlet)을 정상 판매점과는 별도로 구분하여 출점하여야 하며, 재고 판매 시에는 연차별로 할인율을 다르게 하여 판매하고, 4~5년차가 넘은 재고에 대해서는 별도 처분할 수 있는 공식적인 방안을 세워야 한다.

67 재고조사를 해야 하는 이유

일상의 활동에서 파악되지 않은 항목을 파악하여 장부잔고와 실제잔고의 불일치를 보정하기 위한 자료를 얻기 위해서이다.

68 리오더(Reorder)의 필요성

팔릴 제품만을 생산하여 100% 판매소진을 시키는 것이 패션비즈니스의 이상적인 목표지만, 불확실한 미래를 완벽하게 예측한다는 것은 불가능하다. 따라서 예측이 빗나가서 저조한 판매율로 많은 재고의 부담을 안고 가지 않고 예측이 적중된 제품을 가능한 많이 생산하여 많이 판매함으로써 전체적인 판매율 또는 소진율을 높이기 위한 수단이 필요하다.

69 리오더(Reorder)의 최적시기와 방안

제품의 수명주기에서 성숙기 이전에 제품을 공급하여야 가장 효율적으로 판매 할 수 있다. 따라서 짧은 판매 기간에서도 판매반응에 대하여 정확히 분석할 수 있는 조직 및 P.O.S.(Point of Sales) 시스템은 필수적으로 갖춰야 하며, 사전준비 및 체계적 생산관리로 신속성을 높여야 한다.

70 스팟(Spot) 오더가 필요한 이유

시즌 중에 실시하며, 당초 기획에서는 누락되었으나 널리 유행하여 꼭 필요한 상품, 생산 진행상 문제점에 발생하여 유사소재로 대체해야 하는 상품, 기획에서 빠진 컬러(Color)나 사이즈(Size)를 보완해야 하는 상품이 필요할 경우 스팟(Spot) 생산을 하게 된다.

71 ISO 9001을 제정한 동기

국제적으로 인정할 수 있는 품질보증에 대한 기준을 만들어 국가 간의 기술장벽을 없애고 상호 인정할 수 있는 여건을 만들어 공급자나 수요자 모두가 품질에 대한 신뢰감을 가질 수 있게 하기 위해서이다.

72 ISO 9001의 인증의 효과

ISO 규격요건에 따라 심사를 하여 품질 시스템을 적합하게 갖추어 운영하고 있다는 것이 국제적으로 인정된 기업을 말한다. 인증 기업은 인증 마크를 사용할 수 있어서 경쟁력 강화, 기업 이미지 향상, 신뢰성 증진 등의 이익이 있다.

73 ISO 9001의 심사내용의 대분류 항목

❶ 품질경영시스템
❷ 경영책임
❸ 자원관리
❹ 제품실현
❺ 측정, 분석 및 개선

74 ERP를 운영하기 위한 기본 컨셉(Concept) (5가지)

❶ 개방형 네트워크

❷ 리얼타임

❸ 데이터의 공유

❹ One fact, One place, Database

❺ 사용자 맞춤

75 ERP 운영효과

ERP를 운영함으로써 얻을 수 있는 기대효과는 기획, 구매, 생산, 영업, 창고, 경리 등의 모든 부서가 필요한 정보를 동시에 갖게 되므로 기업의 전 부분이 통합적으로 운영된다.

생산시간의 손실을 최소화시키고, 부품조달을 합리적으로 기획할 수 있고, 긴급하게 발생한 새로운 수주에도 실시간으로 대처할 수 있다.

재고의 정확도가 개선되어 기존에 연간 1~2회 정도 전 사원을 동원하여 동시에 실시하는 실사방식의 재고조사에서 순환실사가 가능해진다.

주기적으로 재고부족과 과잉 등의 원인을 추적하여 오류를 수정함으로써 투명한 회계 상황을 만들어 준다.

76 6시그마를 하는 이유

무결점 운동이며 무조건 열심히 일하는 것이 아니라 효과적으로 일하며 실수를 최대한 적게 하는 것을 의미한다. 기업 내에 문제해결과정과 전문가 양성 과정 등의 효율적인 품질문화를 만들어 나아가며, 계속적인 품질혁신과 고객만족을 달성하기 위해 전사적으로 실행하는 경영전략이다.

77 6시그마의 MAIC 기능

측정(Measurement), 분석(Analysis), 개선(Improvement), 관리(Control)의 4단계로 나누어 실시하고 있다. 각 단계의 첫 글자를 따서 'MAIC'라고 부른다. 그 내용은 측정과 분석을 통해 문제점을 찾아내고, 문제해결방법을 제시하여 실제로 개선작업을 실행하고 마지막으로 제어·감시하여 품질의 개선상태를 유지시키는 것이다.

78 6시그마적 사고의 틀

고객의 관점에서 문제를 정의(Define)하고, 현재 상황을 객관적 지표로 측정(Measure)하여, 문제와 원인을 과학적이고 체계적인 방법으로 분석하여 핵심원인을 파악(Analyze)하여야 하며, 실무적이고 계수적인 지표로 개선(Improve)방안을 수립하고, 개선된 상황을 지속적으로 관리(Control)하고 발전시킨다.

패션제품 생산관리

발행일 | 2014년 5월 15일 초판발행

저 자 | 김 원
발행인 | 정용수
발행처 |  예문사

주 소 | 경기도 파주시 직지길 460(출판도시) 도서출판 예문사
T E L | 031) 955-0550
F A X | 031) 955-0660
등록번호 | 11-76호

정가 : 20,000원

ISBN 978-89-274-1002-7 13320

이 도서의 국립중앙도서관 출판시도서목록(CIP)은 서지정보유통지
원시스템 홈페이지(http://seoji.nl.go.kr)와 국가자료공동목록시스템
(http://www.nl.go.kr/kolisnet)에서 이용하실 수 있습니다.
(CIP제어번호 : CIP2014014343)